Nicole Pankoke, Silvia Röben

Grenz-Räume dialogischer Bildung

Zwei Denkbewegungen

DIALOGISCHES LERNEN

Herausgegeben von Dr. Cornelia Muth

ISSN 1614-4643

10 *Tanja Dräger*
Gender Mainstreaming im Kindergarten
ISBN 978-3-89821-869-6

11 *Dörthe Sontag*
Die modernen Kommunikationsmittel und das Dialogische Prinzip
Bedrohung und Chance für unser Menschsein?
Eine dialogphilosophische Reflexion unserer zwischenmenschlichen Beziehungen im Zeitalter der Mediatisierung
ISBN 978-3-89821-893-1

12 *Isabel Diener*
Lehren und Lernen in offenen Arbeitsformen
Eine Diskussion über die Verwendung von offenen Arbeitsformen im Unterricht am Beispiel einer Pädagogik der Menschenrechte
ISBN 978-3-89821-976-1

13 *Cornelia Muth (Hrsg.)*
„dann kann man das ja auch mal so lösen!“
Auswertungsinterviews mit Kindern und Jugendlichen nach Trainings zur Gewaltfreien Kommunikation
ISBN 978-3-8382-0120-7

14 *Cornelia Muth*
Der Mensch zwischen Gut und Böse
Mit Texten von Martin Buber über das Böse nachsinnen
ISBN 978-3-8382-0340-9

15 *Cornelia Muth*
Von der interkulturellen Erfahrung zur transkulturellen Begegnung – und zurück
ISBN 978-3-8382-0350-8

16 *Cornelia Muth (Hrsg.)*
Ein Wegweiser zur dialogischen Haltung
Dialogische Praxisforschung in Arbeitsfeldern von Sozialer Arbeit und Pädagogik der Kindheit
ISBN 978-3-8382-0520-5

17 *Stefan Bockshecker, Dejan Kibbert*
Profession und Haltung in der Sozialen Arbeit
ISBN 978-3-8382-0789-6

18 *Nicole Pankoke, Silvia Röben*
Grenz-Räume dialogischer Bildung
Zwei Denkbewegungen
ISBN 978-3-8382-0798-8

Nicole Pankoke, Silvia Röben

GRENZ-RÄUME DIALOGISCHER BILDUNG

Zwei Denkbewegungen

ibidem-Verlag
Stuttgart

Bibliografische Information der Deutschen Nationalbibliothek
Die Deutsche Nationalbibliothek verzeichnet diese Publikation in der Deutschen Nationalbibliografie; detaillierte bibliografische Daten sind im Internet über http://dnb.d-nb.de abrufbar.

Bibliographic information published by the Deutsche Nationalbibliothek
Die Deutsche Nationalbibliothek lists this publication in the Deutsche Nationalbibliografie; detailed bibliographic data are available in the Internet at http://dnb.d-nb.de.

∞

Gedruckt auf alterungsbeständigem, säurefreien Papier
Printed on acid-free paper

ISSN: 1614-4643

ISBN-13: 978-3-8382-0798-8

Printed in Germany

Vorwort der Herausgeberin

Der vorliegende Band der ***ibidem***-Reihe *Dialogisches Lernen* vereint zwei Studien unter dem Titel „Grenz-Räume dialogischer Bildung". Die Autorinnen, Nicole Pankoke und Silvia Roeben, haben sich mit der Dialogphilosophie Martin Bubers intensiv auseinandergesetzt, praktisch wie theoretisch.

Dabei sind sie einen individuellen Reflexionsweg gegangen und bringen so die gegenwärtige Dialogik einen Schritt weiter. Nicole Pankoke zeigt phänomenologische Grenzen der an Bildungsprozessen beteiligten Subjekte auf. Silvia Roeben beschäftigt sich mit der Frage, wie Menschen in einer neoliberalen Gesellschaft noch echte Persönlichkeitsbildung erfahren können.

Die entstandenen dialogischen Denkprozesse beweisen, wie wichtig es ist, an den zwischenmenschlichen Raum zu erinnern, der notwendig ist, um eigenständiges Urteilen als gesellschaftliche Subjekte zu erlangen. Dass dies kein einmaliger Prozess ist, machen beiden Autorinnen mit ihren dialogischen Positionen deutlich.

Cornelia Muth
Berlin, im Mai 2015

Inhaltsverzeichnis

Teil 1

Nicole Pankoke

Über Beziehungen und Grenzen beim pädagogischen Handeln ---------------------------------- 9

Teil 2

Silvia Röben

Charakter und Bildung -- 91

Teil 1

Nicole Pankoke

Über Beziehungen und Grenzen beim pädagogischen Handeln

Inhalt

1. Einleitung **13**

2. Dialogphilosophie **17**

2.1 Das *dialogische Prinzip* 17

2.2 Keine bruchlose Zuordnung der Phänomenologie 18

2.3 Martin Bubers Werk „*Ich und Du*“ (Erstausgabe 1923) 19

2.4 Was kennzeichnet eine Wesenslehre? 21

3 Was bedeutet Beziehungsarbeit? **25**

3.1 Dialogik als eine Praxis in der Pädagogik 25

3.2 Unterschied zwischen Kontakt und Beziehung 29

3.3 Kontaktstörungen durch Erfahrungen 34

3.4 *Vergegnungen* sorgen für den Aufbau von Mauern 35

3.5 Gesunde Beziehungen 37

4 Bewusstseinserweiterung **41**

4.1 Wer braucht hier eigentlich wen? 41

4.2 Meine Vergangenheit und Ich 43

4.3 Sich selbst zum Problem 47

4.4 Kein Verzicht auf Dialog 49

5. Beziehungen brauchen Grenzen **51**

5.1 Was bedeuten Grenzen im Kontaktgeschehen 52

5.2 Grenzen haben einen Sinn 53

5.3 Strukturelle Grenzen 55

5.4 Wie viel Schutz lässt Beziehung zu? 57

6. Pädagogisches Handeln braucht Verantwortung ... 59

6.1 Die *Anderheit* braucht einen radikalen Respekt ... 59

6.2 Den Schein zu wahren ist verantwortungslos ... 61

6.3 Die Geschichte der Wölfe; Buber lädt zum Spannungsgefühl ein ... 64

6.4 Der Distanzierungsakt ist eine Möglichkeit ... 65

7. Das Vertrauen der Dialogik in das eigene Handeln ... 69

7.1 Entscheidungslosigkeit verfehlt Grenzziehung ... 69

7.2 Das entscheidende Handeln in einer erlebten Situation ... 71

7.3 Anerkennung von Relativitäten ... 73

7.4 Prinzipien ersetzen Regelwerke ... 76

8. Das *echte Gespräch* in Beziehungen ... 79

9. Rückblick, Augenblick, Ausblick ... 83

10. Literatur- und Quellenverzeichnis ... 87

1. Einleitung

> „Das Ich stellt sich selbst keine Fragen und damit sich selbst nicht in Frage, es hat in sich selbst kein Gegenüber, das das ständige weiter so behindern würde.“ (Arendt in Thümer-Rohr 2003, S.128)

Damit der Mensch *Werden*[1] kann, braucht er ein Gegenüber. Für Martin Buber (1878-1965) ist es die *Begegnung*, die auf die Menschen wirkt. Es ist wie die Nahrung, die wir zum (Über-)Leben brauchen, die uns eine Lebenskraft gibt und uns wachsen lässt. Das bedeutet, dass für den Menschen auch die Qualität der Beziehung entscheidend ist. *Begegnungen* innerhalb Beziehungen sind Wesensakte, die uns den Sinn des Lebens vermitteln. Der Sinn kann allerdings nicht verallgemeinernd beschrieben werden. Solche *Begegnungen* geschehen in der Gegenwärtigkeit, in der der Mensch mit seinem ganzen Wesen in Beziehung tritt. Solche Berührungen gehen in die Tiefe des Wesens und bewegen uns dazu, zu lernen, wie wir uns im Leben bewähren können oder sogar müssen (vgl. Buber nach Muth/Nauerth 2008, S.21).

In einem Moment, in dem der Raum einer Begegnung zwischen Menschen von diesen benannt wird, ist der Zustand „Begegnung“ vergangen und kann zum *Werden* nicht mehr beitragen. Diese Benennung kann nur noch Mittel sein, um die alte Situation in der gegenwärtigen neu zu verstehen. Eine erlebte Situation kann so zu einer Geschichte werden. Das bedeutet also, dass rückblickend Erlebtes zwar verstanden werden kann, aber es nicht mehr möglich ist, dieses zu leben oder zu verändern. Das wirkliche Leben kann also nur in der Gegenwart gelebt und verändert werden, und den Menschen und seine Lebensrichtung prägen (vgl. Buber 1983, S.12f.).

Dieser Ansatz von Martin Buber begegnete mir als Teil seiner Dialogphilosophie in einem Seminar als Teil meines Studiums und wird in dieser Arbeit das Fundament bilden. Sein Verständnis der *Wesenslehre* und seine Auffassung, dass der Mensch durch seinen Gegenüber zum Ich wird, ist für mich eine sehr bewegende Vorstellung. Sie unterstreicht meine Haltung, dass die Arbeit und die Lehre mit Menschen mehr ist als nur eine bloße Inhaltsvermittlung. So ist auch mein heutiges Verständnis der Dialogphilosophie nicht alleine durch die Schriften von Martin

---

1 Begriffe die Martin Buber kreiert oder in einem bestimmten Kontext verwendet, werde ich *kursiv* kennzeichnen.

Buber entstanden. Auch haben Gründe aus meiner Vergangenheit dazu beigetragen, dass ich mich dem dialogischen Prinzip zugewendet fühle. Meine *Begegnungen* waren es, mit deren Hilfe ich in die tiefe Auseinandersetzung mit der Materie gehen konnte. All das lässt mich zu dem Menschen *Werden*, der Ich zum heutigen Zeitpunkt bin.

„Wisse, woher du kamst und wohin du gehst und vor wem du dich zu verantworten hast." (Buber; zit. n. Muth 2011, S.53)

Die Verantwortungsübernahme und das Bewusstsein darüber, dass ich im Leben Entscheidungen zu treffen habe, spielen eine große Rolle in meinem Leben – auch in meiner Rolle als Pädagogin. Deswegen wird dieses einen Hauptteil meiner Arbeit ausmachen. Dafür bedarf es einer Bewusstseinserweiterung über meine eigene Person und Umwelt hinaus. Die Notwendigkeit dazu werde ich mit Hilfe des Gestaltansatzes[2] und der Dialogik begründen, denn meines Erachtens kann erst aus diesem Bewusstsein eine Verantwortungsübernahme entstehen. Allerdings erfährt sie auch ihre Grenzen. Meiner Auffassung nach ist es die Grenzenlosigkeit in *Begegnungen*, die den Menschen zur Entscheidungslosigkeit in den Interaktionen bringt.

Bubers Erklärung, Beziehung zu leben und Beziehungsräume für die Wesenslehre zu öffnen, habe ich nie als moralische Belehrung verstanden. Denn das Besondere an der Dialogik ist es, dass es keine Methode sein will, die ein Regelwerk verfasst, sondern nur eine Haltung von PädagogInnen voraussetzt, um verantwortungsbewusst in die Interaktion in Beziehungsräumen treten zu können. Das Vertrauen, dass dieser Ansatz mit sich bringt, durfte ich u.a. in *Begegnungen* mit einer dialogorientierten Professorin erfahren. Durch sie und andere Menschen, die eine solche Haltung leben, und demnach Lehre gestalten, konnte mir ein Verständnis der für mich schwierigen Texte näher gebracht werden. Doch der Ansatz der Dialogik brachte mich in ein Dilemma. Ich war begeistert von dem Ansatz und verzweifelte zugleich daran.

PädagogInnen, die eine Wesenslehre wie Buber führen wollen, müssen erkennen, dass es ihr *Eigenwesen* ist und nicht die Institutionen, die Entscheidungen zu treffen

2 Der Gestaltansatz ist eine moderne Form der Psychotherapie. Sie wurde 1951 von Fritz Perls, Lore Perls und Paul Goodman begründet. Sie steht in der Tradition der Humanistischen Psychologie, die in den 50er Jahren als sogenannte 'Dritte Kraft' – nach der Psychoanalyse und dem Behaviorismus – ein optimistisches Menschbild und ein neues Verständnis von Psychotherapie entwickelte.

haben. Sie entscheiden und treffen somit eine Auswahl aus der Umwelt, um es im Begegnungsraum Inhalt werden zu lassen. Außerdem müssen sie die „Kräfte der Ur-Wirklichkeit“ aufnehmen, damit die TeilnehmerInnen[3] sich mit der Wirklichkeit auseinander setzen können. Dieses fordert ein „radikales Engagement als personhafte Verantwortung“ (vgl. Muth 2011, S.97).
Das zuvor Erwähnte werde ich in dieser Arbeit vertiefen. Die Basis meiner Arbeit besteht aus drei Bausteinen:

- Der erste Baustein ist gewesen, als ich mir das Thema ausgesucht habe über Beziehungen und Grenzen beim pädagogischen Handeln zu schreiben.
- Der zweite Baustein ist die Auswahl der Literatur: zum einen die der Dialogphilosophie und zum anderen die des Gestaltansatzes
- Der dritte Baustein, ist das prozessorientierte Verfassen, dass sich durch die Literatur, durch die Auseinandersetzung mit dem Inhalt dieser Arbeit, sowie der Offenheit, den Aufbau vorab nicht festzuschreiben, sondern nur rückblickend aufzuführen ist.

Wie weit ich in die Tiefe der Thematik eintauchen werde, ist vorab durch die Begrenzung der Zeit, sowie der Seitenanzahl bestimmt und hängt mit dem Prozessverlauf und meinem Verständnis zusammen.
Ich möchte diese Arbeit mit einer kleinen Geschichte beginnen, die mir im Studium begegnete und die zur Einleitung der *zwiefältigen Haltung* von Buber dienen wird, die für mich eine der Kernpunkte für das Leben der Beziehung darstellt:

Eines Abends erzählte ein alter Cherokee-Indianer seinem Enkelsohn am Lagerfeuer von einem Kampf, der in jedem Menschen tobt.
Er sagte: „Mein Sohn, der Kampf wird von zwei Wölfen ausgefochten, die in jedem von uns wohnen.“
Einer ist böse.
Er ist der Zorn, der Neid, die Eifersucht, die Sorgen, der Schmerz, die Gier, die Arroganz, das Selbstmitleid, die Schuld, die Vorurteile, die Minderwertigkeitsgefühle, die Lügen, der falsche Stolz und das Ego.

---

[3] Wenn ich den Begriff „TeilnehmerInnen“ verwende, beziehe ich mich auf die Menschen mit denen PädagogInnen Beziehungsarbeit in der Praxis leisten. Das können Kinder, Jugendliche und Erwachsene in unterschiedlichsten Beziehungsräumen sein.

Der andere ist gut.
Er ist die Freude, der Friede, die Liebe, die Hoffnung, die Heiterkeit, die Demut, die Güte, das Wohlwollen, die Zuneigung, die Großzügigkeit, die Aufrichtigkeit, das Mitgefühl und der Glaube.
Der Enkel dachte einige Zeit über die Worte seines Großvaters nach, und fragte dann:
Welcher der beiden Wölfe gewinnt?
Der alte Cherokee antwortete: „Der, den du fütterst." (Hrsg.,1)

2. Dialogphilosophie

2.1 Das *dialogische Prinzip*

In der Wissenschaftstheorie wird das ***dialogische Prinzip*** als Sozialphilosophie mit einer eigenen Richtung betrachtet (vgl. Werner 1994, S.13). Diese neue Richtung ist eine Form von lebenspraktischer Haltung, die nicht auf Rationalität verzichten muss (vgl. Muth 2011, S.47). Dieser Erkenntnisprozess handelt von dem sich *„Innewerden, Gewahrwerden, Merken und Spüren"* und das ohne eine strenge Kategorieausrichtung (vgl. Muth/Nauerth 2008, S.19). Laut Werner geht es Buber um:

> „[...] eine Lebenshaltung, die wohl theoretisch reflektiert werden kann, die sich aber im Leben selbst zu bewähren hat, eine Lebensrichtung, die für die Konzipierung seiner eigenen dialogischen Philosophie entscheidend war." (Werner 1994, S.14)

Seine Gedanken sind nicht nur für die Philosophie, sondern auch für die Entwicklung der Wissenschaften Theologie, Pädagogik, Psychologie und der Gestalttherapie[4] von Bedeutung gewesen. Werner (vgl. 1994, S.18). sieht die Begeisterung für Bubers *dialogisches Prinzip* aufgrund der darin enthaltenen Beschreibung von Lebensmöglichkeiten. Diese Faszination läge nicht allein an den schriftstellerischen Kompetenzen von Buber, sondern sei darüber hinaus auch in seiner Person begründet. Buber suchte anscheinend immer wieder Gespräche zur jüngeren Generation und hat diese mit „Geduld und Hingabe" geführt.

Das *dialogische Prinzip* kann nicht mit strukturellen Merkmalen erklärt werden. Beim verfassen der Schriften versetzt sich Buber in die *Ich-Du* Perspektive (2.3) und versucht Unmittelbarkeit aufzuführen. Dieses ist ein Widerspruch, denn Buber erkennt selbst:

> „[...] 'das seinem Wesen nach Unbegriffliche' muß in allgemeine Begriffe gefaßt werde, so daß plötzlich von 'dem' Du, 'dem' Ich usw. gesprochen wird. Das heißt aber: 'Ich mußte aus dem *Ich-Es* und als Ich-Du Erfahrene ein Es machen." (Buber in Werner 1994, S.20f.)

---

[4] Laura Perls weist in einem Interview von 1980 auf die Verbindung hin (vgl. Blankertz/Doubrawa 2005, S. 40).

2.2 Keine bruchlose Zuordnung der Phänomenologie

Bei der Auseinandersetzung mit dem Verständnis des *dialogischen Prinzips*, sind mir gemeinsame Züge der phänomenologischen Methode aufgefallen. Sie untersucht alles Seiende.

Bei der philosophischen Analyse geht es Buber vor allem um das Aufführen der *Unmittelbarkeit,* Plötzlichkeit und Unvorhersehbarkeit des Untersuchungsgegenstands (vgl. Werner 1994, S.10). Phänomenologie thematisiert den Ort und die Art und Weise, wo und wie Welt begründet und konstruiert wird. Des Weiteren setzt diese Methode sich damit auseinander, wo und wie Welt für Menschen entsteht und besteht. Hierbei geht es darum, wie die Welt in unserem Bewusstsein entsteht und unser Wesen berührt wird. Husserl[5] versteht die Phänomenologie als *Wesenslehre* (vgl. Danner 2006, S.139). Buber schreibt:

> „Die Erfahrung gehört dem Grundwort *Ich-Es* zu. Das Grundwort Ich-Du stiftet die Welt der Beziehung.“ (Buber 1983,S.6)

Wenn es um das Verstehen der Erfahrungen und um die Erfahrung mit der Welt geht, ist man im Buberischen Sinn im *„Ich-Es* Verhältnis“. Husserl fand einen grundlegenden Gedanken von Descartes, den Husserl radikaler als alle Anderen zuvor durchführte (2.3).

> „cogigito ergo sum - ich denke, also bin ich" (Danner 2006, S.140).

Im dialogischen Denken ist das Gleichsetzen von Leben und Erkennen essentiell und macht für mich hier den Unterschied zur phänomenologischen Methode aus. Muth widerspricht in der Hinsicht Descartes mit:

> „Vivo ergo cogito.“ („Ich lebe, also denke ich.“) (Muth/Nauerth 2008, S.19)

Der lebensweltbezogene Erkenntnisprozess geschieht indem *„Erkenntnis Suchende“* und *„Erkenntnisgegenstand"* übereinstimmen und das unvermeidbare Einbeziehen des Gegenübers. Somit kann der Mensch grundsätzlich als soziales Wesen gedacht werden (ebd.)

> „Leben geschieht nur in menschlichen Beziehungen.“ (ebd.)

Ein wichtiges Merkmal vom Verständnis des dialogischen Prinzips ist, dass *„der Mensch in der sozialen Interaktion wird“* (ebd.). Dieser Kerngedanke begleitet den

---

[5] Husserl (1859-1938) gilt als Begründer der Phänomenologie.

weiteren Teil meiner Arbeit. Es wird u.a. um die Auseinandersetzung dieser sozialen Interaktion gehen.

2.3 Martin Bubers Werk „*Ich und Du*“ (Erstausgabe 1923)

Um die Dialogphilosophie von Martin Buber in ihrer Komplexität verständlicher darzulegen, werde ich in diesem Kapitel, die eben schon einmal erwähnten Grundworte von Martin Buber, das *Ich-Du* und *Ich-Es,* sowie die dazu *zwiefältige Haltung* zur Welt und dem Gegenüber beschreiben. Diese beiden Grundwörter wurden zuvor schon einmal benutzt, als es darum ging, den Unterschied zwischen dem gegenwärtigen Erleben und dem nachhaltigen Verstehen der Erfahrungen aufzuzeigen (2.2). Meine Absicht ist es, indem ich diese Begriffe ausführlicher erkläre, dem Leser das dialogische Prinzip verständlicher zu machen. So möchte ich Martin Bubers Auffassung von Wesenslehre verdeutlichen, auch wenn dieses ein hohes Maß an Reduktion der Materie bedeutet.

Das Ich steht laut Buber (vgl. 1983, S.4) immer in einem Zusammenhang, denn der Mensch ist immer Ich und spricht es deshalb unmittelbar. Dieses Ich steht bei Buber allerdings nie alleine.

Wenn der Mensch ein Etwas zum Gegenstand hat, dann befindet er sich im *Ich-Es,* in einem Subjekt-Objekt-Verhältnis. Ist das Ich des Menschen im Reich des Es, dann hat er ein Etwas zum Gegenstand. „Ich nehme etwas wahr. Ich empfinde etwas. Ich stelle etwas vor. Ich will etwas. Ich fühle etwas. Ich denke etwas“ (ebd.).

Für Buber besteht das Leben aber nicht nur aus dem Etwas. Auch Erfahrungen allein können dem Menschen die Welt nicht verständlich machen. Der Mensch braucht Beziehungen und somit ein *Du*. Ein *Du* kann der Mensch allerdings nicht besitzen. Er kann das *Du* nur sprechen und so mit dem Gegenüber, dem *Du*, in Beziehung treten(vgl. Buber 1983, S.4f.) Beim Grundwort *Ich-Du* wird allerdings nicht von einem „Ich-Du-Verhältnis“ (Muth/Nauerth 2008, S.21) gesprochen, sondern von einer „Ich-Du-Beziehung“ (ebd.). Ein Verhältnis hat nämlich einen objektiven Charakter, während Beziehung in eine Subjekt-Subjekt-Begegnung geschieht.

Die *Begegnung* ist der Momente, indem der Mensch das *Du* spricht. So kann ein *echtes Wir*, ein *Dialog* entstehen. Diese Begegnungen sind es, die der Mensch braucht um Werden zu können und die ihn den Bezug zur Welt finden lassen. Wenn beide, das *Ich* und das *Du*, in der Beziehung stehen, entsteht ein *Zwischen*. Damit ist die Entstehung eines zwischenmenschlichen Raums gemeint. Hierfür bedarf es die Sprache. Denn sie ist es, die Menschen eine *„welthafte Beziehung zu einander und[..] den Weg zu einer Gemeinschaftsbildung bis hin zu einem 'echten Wir'"* (Muth 2011, S.103) ermöglicht. Indem sie mit einander kommunizieren, können Menschen erleben und dadurch erkennen, dass ein Zusammenleben als Selbsterkennung nicht in der Einsamkeit, sondern nur mittels des *Dus* möglich ist (ebd.).

> „Das echte Wir in seiner objektiven Existenz ist daran zu erkennen, daß, in welchem auch seiner Teile es betrachtet wird, stets eine wesenhafte Beziehung zwischen Person und Person, zwischen Ich und Du sich als aktuell oder potentiell bestehend erweist. Denn das Wort entspringt immer nur zwischen einem Ich und einem Du, das Element aber, aus dem das Wir sein Leben hat, ist die Sprache, das gemeinschaftliche Sprechen mitten im Zueinander-sprechen anhebend" (Buber, nach Muth 1998, S.103)

Solch ein *Dialog*, ein *Wir* und ein *Zwischen* entsteht nur bei Abwesenheit von Macht. Das bedeutet, dass die Beziehung auf einer Wahrhaftigkeit, Wechselseitigkeit, Gleichwertigkeit und auf Authentizität des aktuellen Geschehens angewiesen ist (vgl. Muth/Nauerth 2008, S.20 f.).

Beziehung kann nur in der Gegenwart erlebt werden und die daraus entstanden Erfahrung, ist Vergangenes und gehört somit zum Gegenstand (vgl. Buber 1983, S.13). Sobald mir also gewahr wird, dass ich mich in einem Dialog befinde, ist der Moment schon Vergangenheit und ich befinde mich in der Welt des *Ich-Es*. Dass das *Ich-Du* als etwas besonderes angesehen wird, dass solche Momente noch nicht einmal im Bewusstsein der Menschen passieren müssen und dass das in der Beziehung stehen, nicht als ein Dauerzustand erreicht werden kann zeigen mir die folgende Worte:

> „Erfahrung ist Du-Ferne. Beziehung kann bestehn, auch wenn der Mensch, zu dem ich Du sage, in seiner Erfahrung es nicht vernimmt. Denn Du ist mehr, als Es weiß. Du tut mehr, und ihm widerfährt mehr, als Es weiß. Hierher langt kein Trug: hier ist die Wiege des wirklichen Lebens. [...] Die Gestalt, die mir entgegentritt, kann ich nicht erfahren und nicht beschreiben; nur verwirklichen kann ich sie. Und doch schaue ich sie, im Glanz des Gegenüber strahlend, klarer als alle Klarheit der erfahrenen Welt. Nicht als ein Ding unter den »inneren« Dingen, nicht als ein Gebild der »Einbildung«, sondern als das Gegenwärtige. Auf die Gegenständlichkeit geprüft, ist die Gestalt gar nicht »da«; aber was wäre gegenwärtiger als sie? Und wirkliche Beziehung ist es, darin ich zu ihr stehe: sie wirkt an mir wie ich an ihr wirke. Schaffen ist Schöpfen, Erfinden ist Finden. Gestaltung ist Entdeckung. Indem ich verwirkliche, decke ich auf. [...] Das Du begegnet mir von Gnaden – durch Suchen wird es nicht gefunden. [...] So ist die Beziehung Erwähltwerden und Erwählen, Passion und Aktion in einem. [...] Die Einsammlung und Verschmel-

zung zum ganzen Wesen kann nie durch mich, kann nie ohne mich geschehen. Ich werde am Du. Ich werdend spreche ich Du. Alles wirkliche Leben ist Begegnung" (Buber 1983, S.9ff.).

Das Zitat umfasst noch einmal das Vorangestellte, dass der Dialog nicht erzwungen werden und also nur in Abwesenheit von Macht geschieht. In diesem Zitat taucht immer wieder auf, dass der Mensch in der Beziehung mit seinem ganzen Wesen stehen muss. So wird der Unterschied zwischen Beziehung und Erfahrung noch einmal hervor gehoben und verdeutlicht. Das Wort *Gnade*, ist dabei als ein „Geschenk" zu verstehen. Denn *Ich-Du* kann nicht produziert werden, sondern ausschließlich empfangen werden (vgl. Muth 2004, S.94).

Bei dem detaillierten Herausarbeiten, wie die beiden Grundwörter von Martin Buber zu verstehen sind, erscheint es mir wesentlich, die zwiefältige Haltung ebenfalls genauer darzustellen. Denn auch wenn ich die Wichtigkeit des Ich-Dus für das Werden des Menschen darstellen konnte, so darf es nicht als das Einzige aufgefasst werden, das Menschen brauchen um Werden zu können. Der Leser soll hier nicht den Eindruck bekommen, dass Buber das Ich-Es als schlechte Materie hinstellen möchte. Im Gegenteil: Buber schreibt, dass der Mensch beide Pole braucht (vgl. 1983, S.31). Erst wenn der Mensch beide Pole lebt, Das Ich-Es als Struktur und die Bewegung als Ich-Du, erst dann zeigt sich das geschichtliche Werden des Menschen (vgl. Muth/Nauerth 2008, S.22). Im Kapitel (6.3) werde ich mich mit der Wichtigkeit des Lebens der beiden Pole noch einmal genauer auseinander setzen. Ich möchte im nächsten Kapitel kurz Bezug auf die Phänomenologie und ihre Methode nehmen. Husserls Verständnis und Auffassung von Wesenslehre, fehlt meiner Erachtens eine solch zwiefältige Haltung.

2.4 Was kennzeichnet eine Wesenslehre?

Die eben aufgeführte Phänomenologie (2.2), die sich auch als Wesenslehre versteht und eine Wesensforschung (vgl. Danner 2006, S.155) aufzeigen möchte, ist wie oben schon gesagt, im Buberischen Sinne im Reich des Ich-Es, denn sie ist eine Methode. Diese Methode kann „[..] die Erlebnisse des erkennenden Denkens zum Thema" (Janssen zit. n. Danner 2006, S.140) machen.

Nach Husserl ist der Kern der phänomenologischen Methode die eidetische Reduktion. Ziel der eidetischen Reduktion ist das Erfassen und Beschreiben des Wesens und des Objektes im Vordergrund.

Es bedarf einer Abwendung vom Einzelnen, um den gesamten Bedeutungszusammenhang des Objektes den **Eidos**[6], einer Sache zu begreifen. Dazu nähert sich der Phänomenologe intuitiv einer Sache an: sie soll „sich zeigen". Das bedeutet aber nicht, dass das Wesen isoliert oder das Etwas als Tatsache an sich zu betrachten ist (vgl. Schrage 2009, S.39).

Die dabei stattfindende Abwendung vom Einzelnen oder Distanzierung davon dient dazu, das Wesen einer Sache herauszustellen. Diese Wesensanschauung von der Husserl (vgl. Danner 2006, S.147 f.) spricht, wird als „[...] nüchterne und harte Reflexionsarbeit (bezeichnet); sie ist aktives, schöpferisches Denken" (nach Diemer, nach Janssen, nach Landgrebe, Danner 2006, S.148 Klammerangaben von NP). Bei dieser Reflexionsarbeit geht es allerdings darum, sich gewahr über sein eigenes Bewusstsein zu werden. Diese Bewusstwerdung geschieht im Ich-Es-Modus. Auch das Fokussieren auf Dinge gehört dem Reich des Ich-Es an, dieses kann auch die Konzentration auf den Prozess (als Gegenstand) als solches sein. Solch eine Methode ist nicht mit der Bewegung des Ich-Dus zu verwechseln, das bedeutet auch, dass der Mensch nicht durch die Wesensanschauung in Beziehung treten kann. Wie eben beschrieben kann der Mensch für Buber nicht nur in der Analyse Werden, es bedarf der zwiefältige Haltung der ExpertIn. Es muss ein Bewusstsein entstehen, dass in der Analyse keine Berührung stattfindet.

Für mich ergibt sich folgende Schlussfolgerung daraus: Als Expertin kann ich keine Wesenslehre leisten, wenn ich mich hinter der Wesensanschauung verstecke. Ich kann als ExpertIn, durch mein Wesen, meine subjektive Wahrnehmung der Welt annehmen, zum Berühren und Werden meines Gegenübers beitragen und mein Gegenüber in ein Zwischen einladen. Denn Ich-Du-Beziehungen berühren uns in der Gegenwart und zeigen, dass jeder Mensch seine eigene Wahrheit zu finden hat. Hierbei ist es wichtig zu erkennen, dass das Denken eines Menschen nicht instrumentalisiert werden kann (vgl. Wulf 1994 in Muth/Nauerth 2008, S.20).

> „Ich zeige Wirklichkeit, ich zeige etwas an der Wirklichkeit, was nicht oder wenig gesehen worden ist. Ich nehme ihn, der mir zuhört, an der Hand und führe ihn zum Fenster. Ich stoße das Fenster auf und zeige hinaus. Ich habe keine Lehre, aber ich führe ein Gespräch." (Buber; zit. n. Muth/Nauerth 2008, S.19)

Dieses Zitat soll als ein Weg verstanden werden, wie lebensweltbezogene Erkenntnisprozesse entstehen können und die Notwendigkeit aufführen, dass

---

[6] „ Eidos" bedeutet Idee oder Wesen (Husserl, nach Danner 2006, S.149).

Menschen ein Gegenüber brauchen, um Werden und um Wirklichkeit erfahren zu können. Damit der Mensch wachsen kann, lebt er in einer Pendelbewegung, der zwischen der oben genannten zwiefachen Haltung, der Beziehung, also dem Ich-Du und der Distanzierung, dem Ich-Es, wechselt. Denn im pädagogischen Feld kann die Dialogik eine Grundhaltung für PädagogInnen sein. Auch das Einbeziehen von Inhalten (Ich-Es), dient zur Orientierung und ist für die Erziehung notwendig. Denn um Kindern die Welt zu zeigen, brauchen PädagogInnen auch Sachorientierung (vgl. Werner 1994, S.44f.).

[illegible] Gegensätzen [illegible] Wesen und im Wirklichkeit [illegible] können. Damit [illegible] wach [illegible] [illegible] [illegible] [illegible] und [illegible] [illegible] [illegible] [illegible] Dichtung [illegible] [illegible] und [illegible] [illegible] Kunst [illegible]

3 Was bedeutet Beziehungsarbeit?

3.1 Dialogik als eine Praxis in der Pädagogik

„Die dialogische Pädagogik ist kein eigenständiger erziehungswissenschaftlicher Ansatz.“ (Muth 2005, 2)

Es kann vielmehr als eine Praxis im pädagogischen Feld verstanden werden, wobei es um das genannte *Zwischen* und das *Werden* des Menschen geht (2.3). Das *Ich-Es* kann das Leben in Bildern aufzeigen bzw. nacherzählen, jedoch müssen sich dialogorientierte PädagogInnen darüber bewusst werden, dass Abbilder nie die Wirklichkeit ersetzen können. Somit darf kein Inhalt den zwischenmenschlichen Kontakt verdrängen (vgl. Muth 2011, S.200).

In der Dialogik bedeutet Lernen ein Wahrnehmen und Schaffen einer individuellen lebensgeschichtlichen Welt. Solch ein Feld nennen Gebauer und Wulf **soziale Mimesis** (1994 zit. n. Wulf 2005, S.71). Platon versteht unter Mimesis, dass etwas erscheint und er charakterisiert Prozesse der Darstellung, des Ausdrucks und der Repräsentation. Wulf verwendet Mimesis im anthropologischen Zusammenhang als Synonym für Erziehung „paideia“(ebd.). Hierbei geht es um die Nachahmung, denn Erziehung erfolgt vor allem durch den mimetischen Bezug auf Vorbilder (ebd.).

Genau wie beim Ansatz des *dialogischen Prinzip* ist in der **sozialen Mimesis** ein Gegenüber unabdingbar, damit der Mensch *Wesenslehre* erfahren kann (vgl. Muth/ Nauerth 2008, S.20). Wulf beschreibt (vgl. Wulf 2005, S. 56), dass das Kind Fähigkeiten braucht um den Erwachsenen nachzuahmen, bzw. wie sie *Werden* zu wollen. Die Merkmale dieser Fähigkeiten sind, dass Kinder sich mit anderen Personen identifizieren können, sich selbst als *intentional* Handelnde begreifen, und die eigene Aufmerksamkeit auf Dinge in der Welt richten können. All das ist an das mimetische Begehren des Kindes gebunden.

An dieser Stelle sei auf die unterschiedlichen Auslegungen des Begriffes Nachahmung in der Dialogik und der **sozialen Mimesis** hingewiesen. In der Dialogik wird zwar auch davon gesprochen, dass Menschen durch das Nachahmen des Gegenübers lernen, allerdings nimmt die Dialogik Abstand vom identischen Nachbilden des schon geschaffenen Menschen. Für die Dialogik liegt der Fokus darauf, dass das Leben in Bewegung gehalten wird und eine individuelle Wesensgestaltung stattfinden soll. So würde dieses bei einer reinen Nachahmung nicht erreicht werden. Dieses Verständnis bedeutet, dass jeder Mensch etwas

Werden soll, das noch nicht vorher dagewesen ist (vgl. Blumenberg nach Muth 2011, S.201).

> „Mit jedem Menschen ist etwas Neues in die Welt gesetzt, was es noch nicht gegeben hat, etwas Erstes und Einziges" (Buber; zit nach Muth 2011, S.53).

Mimetische Prozesse und Dialogik legen den Fokus auf die menschlichen Begegnungsräume, die ein Dazwischen bilden, dass gegenwartsbezogen ist. Beide Konzepte gehen davon aus, dass nur in der Gegenwart Beziehungsereignisse geschehen können. Hier kann der Mensch berührt werden und in diesem Moment ist es möglich, durch das Gegenüber *Werden* zu können (vgl. Muth 2011, S.202).
Das Nachahmen schlägt eine Brücke zum Außen, zur Welt und zu anderen Menschen. Für Menschen bildet sich ein *Zwischen.* In diesem *Zwischen* kann das Subjekt sich durch die Anähnlichung *(Adorno)* eine Außenwelt bzw. an einem anderen Menschen erfahren. Mimetische Prozesse enthalten rationale Elemente, jedoch erschöpfen sie sich nicht in ihnen. Sie sind notwendig, um verstehen zu können und um die Fähigkeit zum praktischen Leben zu erhalten (vgl. Wulf 2005, S.22 f.). Eine Eins-zu-eins-Übernahme des Handelns des Gegenübers ist nicht erwünscht. Das erfordert eine Forderung und bedeutet somit die eben genannten Fähigkeiten die menschliche Fähigkeit des Überprüfens gegeben sein müssen. Denn nur dann können Bedürfnisse der Eigenständigkeit im Menschen entstehen. Durch die Ambivalenz des Begehrens (Nachahmens) und dem Bedürfnis nach Eigenständigkeit kann eine soziale Vielfalt entstehen (vgl. Wulf 2005, S.8 f.).
Im dialogischen Prinzip werden diese beiden Bedürfnisse als *Urheber-* und *Verbundenheitstriebe* bezeichnet. Buber versteht den *Verbundenheitstrieb* als das, was eben als mimetisches Begehren beschrieben wurde. Menschen die das Bedürfnis nach Gleichheit in sich spüren, können diese Bedürfnisse nur im sozialen Kontakt stillen. Mit dem *Urhebertrieb* ist die eben genannte innere Kraft des Handelns gemeint, die Buber und Wulf beide als ein Muss ansehen, und auf die Notwendigkeit des Urhebertriebs für das *Werden* hinweisen. Denn diese Kraft ist der Grund, warum eine eigene soziale Welt in dem Menschen entstehen kann. Der Einsatz des *Urhebertriebs* ist ein Resultat aus dem Wunsch nach Eigenständigkeit (vgl. Muth/Nauerth, 2008, 21). Durch den *Verbundenheitstrieb* bzw. das mimetische Begehren haben Vorbilder eine starke Wirkung auf den Menschen (vgl. Wulf 2005, S.71).

Wichtig für die Praxis der Beziehungsarbeit ist es zu verstehen, dass keinem Menschen, weder durch die *Dialogphilosophie* noch durch die *mimetischen Prozesse,* das eigenständige Denken und Handeln abgenommen werden kann.

> „Dies bedeutet auch, dass jede/r die Verantwortung hat, seine bzw. ihre eigene Wahrheit zu finden, dass das Gegenüber nicht *handhabbar* und das Denken nicht instrumentalisiert werden kann." (Wulf 1994 zit n. Muth/Nauerth 2008, S.20)

Statt das jeweilige Denken von TeilnehmerInnen einzuverleiben, sollte das Ziel von PädagogInnen vielmehr sein, dass bei den TeilnehmerInnen eine globale Verantwortung, durch das dialogische Handeln erzeugt wird (vgl. Muth 2011, S.201). Das kann meines Erachtens durch das Aufzeigen der Umwelt und deren Zusammenhängen erreicht werden. Denn wenn die TeilnehmerInnen einen eigenen Sinnzusammenhang erkennen, kann dies zur Bewusstseinbildung beitragen. Auch Paul Freire7 (vgl. Schreiner nach Peter 2010, S.177) ist davon überzeugt, dass PädagogInnen durch Bildung und Erziehung dazu beitragen können, dass Menschen sich einer bewussten verantwortlichen Wahrnehmung stellen können. Er sieht das Aufzeigen von Zusammenhängen und den dadurch erkennenden Sinn, als Bewusstseinsbildung, die den Schlüssel für die Verantwortungsübernahme darstellt.

Für Buber kann solche Bewusstseinsbildung nur im unmittelbaren Kontakt entstehen. Er weigert sich, seinen Weg als Lehre zu bezeichnen. Er will in zwischenmenschlichen Bildungsräumen keine Lehre haben, sondern ein Gespräch und genau dafür ist der unmittelbare Kontakt, die (Leibes-)Sprache erforderlich.

> „Kontakt ist das Grundwort der Erziehung. Es bedeutet, daß der Lehrer den Schülern nicht von Gehirn zu Gehirnen, von entwickeltem Gehirn zu unfertigen, von Wesen zu Wesen, von gereiften zu werdenden Wesen gegenüberstehen soll, wirklich gegenüber, das heißt nicht in einer Richtung von oben nach unten, von Lehrstuhl auf Lehrbänke hin wirkend, sondern in echter Wechselwirkung …nicht bloß Auskunftssuchen von unten und Auskunftgeben von oben, auch nicht bloß Fragen und Antworten hinüber und herüber, sondern echtes Wechselgespräch, das der Lehrer zwar leiten und beherrschen, in das er aber eben doch auch mit seiner eigenen Person unmittelbar und unbefangen eintreten muß" (Buber zit. nach Muth 2005, 2).

Für Buber ist es das Gespräch, das sein Verständnis von *Wesenslehre* ausmacht. Dieses Gespräch kann nur gelingen, wenn Macht keinen Raum findet. Solche

---

7 Paul Freires (1927-1991) Pädagogik ist politisch und zielt auf Veränderung ab (vgl. Schreiner nach Perter 2010, S.177).

Begegnungen finden dann auf einer gleichen Ebene statt, wenn eine beidseitige Offenheit und Wechselseitigkeit vorhanden ist (vgl. Muth/Nauerth 2008, S.20).

> „'Der pädagogische Mensch erzieht'... als täte er nicht." (Buber mit einem Zitat von Muth 2011, S.97)

In der Dialogik wird verlangt, dass jedes Handeln ein authentisches Handeln sein muss, auch wenn es Momente geben wird, in denen PädagogInnen ihr Gegenüber nicht nachvollziehen oder ihm auch keine Antwort geben können. Mit anderen Worten: Die Grundvoraussetzung ist, dass PädagogInnen ihre Person, ihr „wahres Subjekt" in der Arbeit mit TeilnehmerInnen zeigen. Nur dann können Sie auf die jeweiligen Gegenüber, auf die Lernenden wirklich wirken (vgl. Muth 2011, S.97).

Begegnungen entstehen nicht willkürlich. PädagogInnen sind der Herausforderung ausgesetzt, eine Auswahl aus der Umwelt zu treffen. Dies zeigt sich, in dem sie Einzelzusammenhänge aus der Welt, der Wirklichkeit, herausgreifen, um es dann im Begegnungsraum Inhalt werden zu lassen. Sie müssen auch die „Kräfte der Ur-Wirklichkeit" aufnehmen, damit die TeilnehmerInnen sich mit der Wirklichkeit auseinander setzen können. Dieses fordert ein „radikales Engagement als personhafte Verantwortung". Solch eine Pädagogik sollte sich nicht anfühlen oder gar aussehen, als wäre sie ein Eingriff bei dem Anderen (ebd.).

> „Ziel ist „Selbsterziehung", die durch dialogisch-orientiertes Handeln beim Menschen erreicht werden kann." (vgl. Buber nach Muth 2011, S.96)

PädagogInnen, die eine dialogorientierte Haltung einnehmen möchten, müssen damit zurechtkommen, dass die Dialogik auf das situative Handeln abzielt und es somit keine strickte Anleitung bzw. Technik zur Didaktik gibt. Dennoch kann der Dialogik kein willkürliches Handeln vorgeworfen werden, denn die Haltung ist es, die das Handeln lenkt. Somit ist das aufgeführte Verständnis von Wesenslehre eines, das eine Haltung von den PädagogInnen impliziert, die diese Praxis von Beziehungsarbeit ausmacht.

Bei der hier aufgeführten Haltung geht es um eine Grundhaltung. Diese setzt voraus, dass es immer um den jeweiligen Menschen geht. Die Haltung hat den Anspruch, seinem Gegenüber wirklich zuzuhören und Antworten zu geben. Nur wenn Menschen lernen, sich selbst und Anderen zuzuhören, kann meiner Meinung nach ein Ziel der Dialogik, die Selbsterziehung und die damit aufgeführten Eigenverantwortung gegenüber der Umwelt, erreicht werden. Die TeilnehmerInnen müssen die Möglichkeit bekommen, die PädagogInnen als BegleiterInnen wahrzunehmen. Doch wie schon erwähnt, dürfen PädagogInnen nicht als Handelnde gesehen werden, die das Suchen, den Sinn des Lebens für die TeilnehmerInnen übernehmen. So müssen PädagogInnen klar und deutlich zu verstehen geben, dass die TeilnehmerInnen für ihr Handeln im Leben ein Bewusstsein entwickeln müssen, damit sie ihren Teil der Verantwortung übernehmen können.

Bevor ich hier noch näher darauf eingehe, was eine dialogische Haltung alles impliziert, was eine gegenseitige Verantwortungsübernahme bedeutet und inwieweit Beziehungen durch dialogisches Handeln berührt werden können, ist an dieser Stelle wichtig, Unterschiede zwischen den Begrifflichkeiten Kontakt und Beziehung herauszuarbeiten.

3.2 Unterschied zwischen Kontakt und Beziehung

"Erziehung ist Beziehung und braucht Beziehung." (Schopp 2010, S.113)

Um die Unterschiede zwischen den Begrifflichkeiten beschreiben zu können, beziehe ich mich zum größten Teil auf den Gestaltansatz von Fuhr und Gremmler-Fuhr (1995). Beide Begriffe werde ich in Beziehung zu dem vorgestellten *dialogischen Prinzip* von Buber bringen und genauer erläutern. Im Folgenden soll deutlich werden, dass gerade beim Kontakt ein unterschiedliches Verständnis vorliegt und jeweils andere Aspekte zum Vorschein kommen. So werde ich basierend auf der Grundlage des Verständnisses von Merleau-Ponty[8] versuchen, dem Begriff eine bessere Klarheit zu verleihen. Seine Erklärung zeigt insbesondere auf, wie essentiell Beziehung und Kontakt für unsere Existenz sind.

Im Gestaltsinn (vgl. Fuhr/Gremmler-Fuhr 1995, S.105 f.) hat Beziehung einen anderen Charakter als Kontakt. Denn Beziehung ist der umfassende Kontext – sie ist der Grund bzw. die Basis – innerhalb dessen Kontakt stattfinden kann. So wird Kontakt als „Figur" in der Beziehung gesehen. In den gegenwärtigen Kontakt zu gehen trägt zwar wesentlich zur Art und Qualität der Beziehung bei, aber aktuelle Kontakte sind nicht notwendig, um von einer Beziehung zu sprechen.

So ist aber nicht zu unterschlagen, dass die Kontakterfahrungen in das Gedächtnis eingehen und einen wesentlichen Teil der Beziehung ausmachen. Wenn wir selber

[8] Merleau-Ponty (1908-1961) führte Husserls Phänomenologie weiter.

einmal überlegen, wann uns Lernen Freude bereitet hat bzw. wir wirklich berührt worden sind, dann steht das oft im Zusammenhang mit einem positiven Schüler-Lehrer-Verhältnis, das wir erlebt haben. Demnach trägt diese Beziehung wesentlich zum Lernen bei.

Wenn der Mensch ein Du sagt und mit der Freiwilligkeit in die *Ich-Du*-Beziehung tritt, so treten Ich und Du in das *Zwischen,* da wo sich die Wesen in der gegenwärtigen Wirklichkeit begegnen. Sie sind dann, in diesem Moment, im unmittelbaren Kontakt über die *(Leibes-)*Sprache. Grundlegend würde ich im dialogischen Verstehen von einer *Ich-Du* Beziehung sprechen, die durch den Kontakt (hier auch Begegnung) am Du *Wird* (2.3).

> „Und wirkliche Beziehung ist es, darin ich zu ihr stehe: sie wirkt an mir, wie ich an ihr wirke.[…] Ich werde am Du; Ich werdend spreche ich Du. Alles wirkliche Leben ist Begegnung.“ (Buber 1983, S.11 f.)

Erst wenn ich den gegenwärtigen Kontakt beende, kann ich durch den Ich-Es-Modus das Du (die Beziehung) zu einem Ding machen. Dann kann ich mich von dem Kontaktgeschehen distanzieren und über Beziehungen, Erfahrungen sprechen und sie reflektieren. In dem Moment stehe Ich aber nicht in der Beziehung und kann nicht auf sie wirken.

> „Wesenheiten werden in der Gegenwart gelebt, Gegenständlichkeiten in der Vergangenheit.“ (Buber 1983, S.13)

Nicht jeder Kontakt ist ein Dialog. Beim Dialog (Einstellung und Haltung des Lehrenden) geht es um eine bestimmte Qualität des Kontaktverhaltens, die zum Ausdruck kommt (vgl. Fuhr/Gremmler-Fuhr 1995, S.107).

Bei dem Versuch Kontakt zu erklären und zu bestimmen, ist ein Widerspruch zwischen einer normativen und objektivierenden Bestimmung und dem Anspruch einer ganzheitlichen und zirkulären Sichtweise in der Gestaltliteratur zu finden. Kontakt wird auf der einen Seite als ein lebendiger, gesunder oder wachstumsfördernder Vorgang beschrieben. Das bedeutet, dass Kontakt einer Norm des Gesunden und einer besonderen Qualität der Beziehung im Organismus entspricht. Allerdings wird Kontakt auf der anderen Seite auch zunächst erst einmal wertneutral für jegliche Art von Qualität und Wechselbeziehungen zwischen dem Organismus/Umweltfeld dargestellt (vgl. Fuhr/Gremmler-Fuhr 1995, S.85).

> „Kontakt ist nach diesem Verständnis gleichbedeutend mit dem Gestaltbildungsprozeß, also der Auflösung des Feldes in Figur-Grund-Formationen.“ Aber Kontakt ist auch, „[...] jede Art von lebendiger Beziehung im Organismus/Umweltfeld, bei der zeitweise eine

> Kontaktgrenze zwischen Organismus und Umweltfeld geschaffen wird.“ (Fuhr/Gremmler-Fuhr 1995, S.85f.)

Perls und Goodman (in Fuhr/Gremmler-Fuhr 1995, S.86f.) bilden die Definition, dass Kontakt als Prozess des Austausches zu verstehen ist. Die Beiden weisen auf die Bildung von Kontaktgrenzen und auf die Abgrenzung zwischen Organismus und Umweltfeld hin: Kontakt soll also auch ein Vorgang sein, indem man davon ausgeht, dass der Organismus sich gegenüber der Umwelt selbst behaupten kann und mit Hilfe seines Bewusstseins unterschieden und selektiert werden kann, was er zerlegen, abwenden und integrieren möchte. Durch eine „aggressive Abwehr“ (Blankertz/Doubrawa 2005, S.3) stellt sich auch heraus, was nicht aufgenommen werden kann (5.2).

Dieser Vorgang kann als eine Methode der Phänomenologie verstanden werden. Bei dieser Erklärung, würde das demnach auch bedeuten, dass wenn es nicht zur Kontaktbildung kommt bzw. keine Kontaktgrenzen zwischen Organismus und Umweltfeld entstehen, es zu fehlender Differenzierung einerseits und zur Erstarrung und/oder Isolation anderseits führen kann. Dieses „dahin dümpeln“ wird als kontaktlos bezeichnet (ebd.). Den Begriff Kontaktgrenze werde ich im späteren Verlauf dieser Arbeit noch explizierter definieren und im Kontext meiner Arbeit verwenden (5.1).

Die Verwendung von „Kontakt“ fand in der Auffassung der Dialogik als *Wesenslehre* ja schon Platz. Hier möchte ich noch einmal zusammenfassen wie Beziehung und Kontakt im *dialogischen Prinzip* verstanden werden. Buber betont, sobald der Mensch nicht mit seinem ganzen Wesen Du spricht, dass der Mensch nicht im unmittelbaren Kontakt ist. Somit kann ich hier also keine Übereinstimmung finden, dass „Kontakt als Figur“ im Vordergrund einer *Ich-Du*-Beziehung steht, wenn der Mensch nicht in der *Ich-Du*-Beziehung ist. Ob ein Kontakt möglich ist, wenn das Ich nicht in der Beziehung steht, werde ich später noch einmal aufgreifen.

Buber benennt diese Kontaktlosigkeit als *„Scheinwelt“* (Muth/Nauerth 2008, S.24), mit der er verkleidete Monologe meint. Wenn zwei Menschen zwei Monologe sprechen, stimmt dies nicht mit dem Verständnis des Dialogs von Buber überein. Dies ist nicht mit Kontakt gleichzusetzen, in dem sich Menschen Begegnen und auf eine tiefe Weise berühren.

> „Selbstverständlich brauchen nicht alle zu einem echten Gespräch Vereinten selber zu sprechen; schweigsam Bleibende können mitunter besonders wichtig werden. Jeder aber

muss entschlossen sein, sich nicht zu entziehen, wenn es etwa dem Gang des Gesprächs nach an ihm sein wird zu sagen, was eben er zu sagen hat." (Buber in Schopp 2010, S.94)

Durch diese Begriffsaufführung, finde ich, wird die Gefahr erkennbar, dass in der Beziehungsarbeit Kontakt nur als Gegenstand benannt und betrachtet werden kann und somit eine einseitige Fokussierung auf das Kontaktgeschehen stattfinden wird. Blankertz und Doubrawa (2005, S.44) legen offen, dass die „(gestalt)therapeutische Beziehung" zwar tendenziell in Bubers Richtung geht, sie aber nicht bis zur letzten Konsequenz eingehalten werden kann.

„[...] es bleibt doch ein Anteil von »instrumenteller« Beziehung: Der Klient ist für den Therapeuten das »Instrument«, den Lebensunterhalt zu verdienen. Der Therapeut ist das »Instrument« für den Klienten, in der Kälte der Welt zurechtzukommen. Letztlich steckt in unserer Begegnung die Utopie, uns eines Tages in einer Gesellschaft begegnen zu können, in der ein solch instrumentelles Verhältnis nicht mehr notwendig sein wird." (ebd.)

Wenn Beziehung im Verlauf einen zu großen Anteil an instrumenteller Notwendigkeit spürt oder den Grund der Beziehung vergisst, könnte die Gefahr bestehen, dass die Menschen nicht mehr in der Lage sind in die Beziehung zu gehen, weil der Sinn für den ursprünglichen Kontakt verloren gegangen ist. Ein Kontaktprozess kann erst als sinnvoll erlebt werden, wenn er im Kontext größerer Ganzheit verständlich ist und dieser auch erfahren wird (vgl. Fuhr/Gremmler-Fuhr 1995, S.80). Merleau-Ponty beschreibt dieses mit:

„Ich bin kein (..) isoliertes weltloses Subjekt, sondern durch meinen Leib in der Welt verankert, die der Horizont ist, innerhalb dessen ich wahrnehmend mit den Dingen kommuniziere. Auf dem Grunde einer Natur, die ich mit dem Sein gemein habe (..), d.h., aufgrund meiner Leiblichkeit, die mich mit dem Sein verbindet, wie die Nabelschnur das Kind mit dem Mutterleib, bin ich fähig, in bestimmten Anblicken des Seins einen Sinn zu entdecken, ohne ihn ihnen selbst kraft einer konstituierenden Leistung erst verliehen zu haben." (Merleau-Ponty mit einem Zitat von Schrage 2009, S.12).

Als Zur-Welt-Seiende erfahren wir das was Buber mit *„das eingeborene Du"* (vgl. Buber 1983, S.27) meint. Das menschliche Dasein ist als eine Suche nach Sinn zu verstehen, die aus einer puren Zufälligkeit unserer Existenz hin zu einer Notwendigkeit wird. Der Kontakt, das *Zwischen,* wird zur Bestätigung (vgl. Buber 1978 zit. n. Muth/Nauerth 2008, S.22). So steht die Beziehung vor dem Kontakt. Kontakt ist als Lebenserhalt und als Wachstum des Menschen unerlässlich.

„Bricht der Prozeß ab, erlischt die organisierende Kraft, dem der Organismus letztlich sein Dasein verdankt." (Fuhr/Gremmler-Fuhr, 1995, S.79)

Zusammenfassend kann über Kontakt und Beziehung gesagt werden, dass die *Ich-Du*-Beziehung die Grundlage dafür ist, dass wir Menschen ***unmittelbar*** in die gegenwärtige Begegnung gehen und eben diesen Kontakt spüren können. Kontakt über die (Leibes-) Sprache geschieht allerdings nur in der Gegenwart. Beim Dialog ist es also eine bestimmte Qualität der Beziehung im Organismus. Die Begegnung, der Kontakt wird in der Gestalttherapie auch als das gesehen was

> „[...] letztlich heilend wirkt. Sie geht tendenziell in die Richtung von Martin Bubers 'Ich-Du-Beziehung'" (Blankertz/Doubrawa 2005, S.44).

Eine spannende Frage ist für mich, ob hier Bubers Richtung als absolut verstanden wird und ob Buber der Beziehung in pädagogischen Feldern nicht einen gleichen Anteil zusprechen würde? Dieser Frage an dieser Stelle nachzugehen, würde den Rahmen meiner Arbeit sprengen.

Über Kontakt lässt sich sagen, dass er als jegliche Art von Wechselbeziehung gesehen wird. Nicht jeder Kontakt ist eine Begegnung (Dialog). Herausgestellt wurde, dass eine zu einseitige Fokussierung auf das Kontaktgeschehen den Grund der Beziehung vergessen lassen kann, und Kontakt kann dann als sinnlos erfahren wird. Im Verständnis der Gestaltliteratur tauchen Züge von der Phänomenologie auf, in der Hinsicht, dass Kontakt als Bewusstseinsvorgang gilt, bei dem es um die Bildung von Kontaktgrenzen und Differenzierungen zwischen Organismus und Umweltfeld geht. Wenn allerdings die Bildung von Kontaktgrenzen sowie die Differenzierung nicht entstehen, kommt es zur Erstarrung und/oder zur Isolation, das die Begegnung als kontaktlos bezeichnen lässt. Diese Erkenntnis ist ein wesentlicher Punkt für meine weitere Auseinandersetzung, inwieweit Grenzen im Kontext mit menschlichen Beziehungen wichtig sind.
Ponty und Buber sprechen beide von einer leiblichen Verbundenheit, von einem *Beziehungsstreben*, das unerlässlich für den Lebenserhalt ist. Der Kontakt ist essentiell für das Wachstum. Wenn der menschliche Kontakt zur Welt abgetrennt werden würde, wären wir nicht mehr in der Beziehung mit der Welt und würden unsere Existenz verlieren. So möchte ich das Zitat von Johannes Schopp verändern, indem ich sage:

> „Erziehung ist Beziehung und braucht 'Begegnung'."

3.3 Kontaktstörungen durch Erfahrungen

Beim pädagogischen Handeln werden Beziehungen über Kontakte aufgebaut. Wie schon erwähnt gehen Kontakterfahrungen in das Gedächtnis ein und machen so einen wesentlichen Teil der Beziehung aus. Bei der Verarbeitung und Abrufung von Kontakterfahrungen, spricht man von kollektiven Gedächtnisfeldern. Diese Felder für Beziehungen sind Möglichkeiten Beziehungen zu gestalten und zu beeinflussen (vgl. Fuhr/Gremmler-Fuhr 1995, S.80). Um fortführend von einer gesunden Beziehungsarbeit und von einem Kontaktgeschehen sprechen zu können, möchte ich an dieser Stelle kurz - mit Hilfe von Gerald Hüther (2005, 4.) - Bindungs- und Kontaktstörungen sowie deren Auswirkungen auf den Menschen beleuchten.
Laut Gerald Hüther (2005,4.) entstehen frühe Bindungs- und Kontaktstörungen durch einen Mangel an emotionaler Zuwendung. Er erklärt, dass Eltern, die noch sehr stark mit sich selbst beschäftigt sind und die sich intensiv um ihre „Zurschaustellung" kümmern, oft die kindlichen Bedürfnisse sehr schnell lästig werden. Mit kindlichen Bedürfnissen sind hier gemeint: in den Kontakt zu treten, um Aufmerksamkeit, Geborgenheit und Zuwendung zu bekommen. Das soll nicht heißen, dass Eltern nicht ihre Pflicht des Versorgens, was sie darunter verstehen, leisten. Im Gegenteil, sie umsorgen das Kind mit einer ausgewogenen Ernährung, achten auf moderne Kleidung und beschaffen alle möglichen Gegenstände, von denen sie selbst überzeugt sind, dass ihr Kind diese brauchen würde und beruhigen dadurch ihr *(schlechtes)* Gewissen. Was Kinder aber brauchen ist der wirkliche Kontakt zu ihren Eltern. In eine Beziehung zu gehen, das bedeutet, dass sie sich ganzheitlich zuwenden, das bekommen die Kinder oftmals nicht. Solche Kinder lernen früh sich auf sich selbst zu verlassen. Bei diesen Kindern ist die Fähigkeit in den Kontakt zu treten, emotionale Bindungen bzw. Beziehungen aufzubauen nur teilweise entwickelt. Sie versuchen, den daraus resultierenden Mangel an emotionaler Sicherheit z.B. durch verstärkte Selbstbezogenheit zu kompensieren. So schaffen sie sich eine eigene, von ihnen selbst bestimmte Lebenswelt. Eingeschränkte Kontaktmöglichkeiten führen dazu, dass wenige bis gar keine neuen Erfahrungen gemacht werden können und wichtige Entwicklungsprozesse im kindlichen Gehirn nur noch eingeschränkt stattfinden.

> „Kinder, die keine sicheren Bindungen ausbilden konnten, haben Angst vor körperlicher und emotionaler Nähe. Wenn es ihnen nicht gelingt, diese Angst zu überwinden, bleiben sie zeitlebens isoliert, ich-bezogen und bindungsunfähig. Manche haben Glück und finden einen Lehrer oder Erzieher, der sie versteht und ihnen hilft, allmählich wieder Bezie-

> hungen zu anderen Menschen einzugehen, das Vertrauen in menschliche Bindungen wiederzuerlangen und sich auf die gemeinsame Suche nach gemeinsamen Lösungen einzulassen. Manche scheitern irgendwann an den selbstzerstörerischen Folgen ihrer Pseudoautonomen Bewältigungsstrategien." (Hüther 2005,4.)

Die daraus resultierende Einschränkung der Weiterentwicklung zeigt auf, dass solche Kinder nicht die beschriebene *soziale Mimesis,* wie auch keine *Ich-Du* Beziehung erfahren haben.

3.4 *Vergegnungen* sorgen für den Aufbau von Mauern

Ab wann kann wirklich von Bindungsstörungen gesprochen werden? Auch wenn mit Hilfe von Hüther herausgearbeitet werden konnte, dass mangelnde Kontakte und fehlende Beziehungen die Ursachen für Bindungsstörungen sind, muss meines Erachtens mit dem Wort Störung als Diagnose vorsichtig umgegangen werden. Es ist auf jeden Fall für den Verlauf dieser Arbeit kein passendes und ein zu drastisches Wort. Vielleicht wird sogar durch solch eine Diagnose Menschen die Chance und Energie genommen, Veränderung überhaupt anzustreben oder zuzulassen.

An dieser Stelle geht es um Menschen, die durch Erfahrungen im Leben geprägt wurden, um Menschen, die Verletzungen in Beziehungen erfahren haben. Diese Erfahrungen führen zu einer Beeinflussung der jeweiligen Lebensrichtung. Oft sind gerade diese Prägungen Gründe für ein hohe Empathiefähigkeit. Ich stelle die These auf, dass jeder Mensch, solche Momente im Leben erfahren hat und auch, dass durch solche Erfahrungen nicht gleich von einer Beziehungsunfähigkeit gesprochen werden kann. Für diese These führe ich im Folgenden eine Situation von Bubers Leben auf, in der seine Gefühle sein Verhalten bestimmt haben. Er zog sich innerlich zurück, um sich nicht neu verletzten zu lassen. Diese biographisch prägende Situation könnte sogar ausschlaggebend für sein Interessengebiet gewesen sein.

Als eine mögliche Begründung dafür sehe ich, dass er sich selbst mit der Notwendigkeit von Menschen und deren Beziehungen auseinander gesetzt hat. Ihm selbst lag viel an dem Dialog, da ihm schmerzhafte Erfahrungen bekannt waren.

In seinem Buch „Begegnung" (1986) beschreibt er mithilfe einer Situation, sein Verhältnis zu seiner Mutter. Seine Eltern trennten sich, als er ein Jahr war und er wuchs fortan bei seinen Großeltern auf. Seine Mutter hatte er seit dem nicht mehr gesehen und er selbst spürte, dass er sehnlichst auf den Tag wartete, an dem er seiner Mutter wieder begegnen würde. Er verlor nie ein Wort darüber und mit vier Jahren sagte trotzdem ein Mädchen zu ihm, dass er nicht auf seine Mutter warten bräuchte, denn sie würde nicht zu ihm zurückkommen. Er spürte, dass dieses Mädchen Recht hatte und was übrig blieb war der Schmerz. Buber traf seine Mutter zum ersten Mal mit 24 Jahren wieder und sein Schmerz war es, der in dieser Situation sein Handeln bestimmte. Er berichtet davon, dass er nicht dazu in der Lage war, ihr in die Augen zu schauen und in eine Begegnung zu gehen (vgl. Buber, S.9-11).

Auch ich erinnere mich an Situationen im Leben, in denen ich hungrig nach Kontakt war und dieser nicht gestillt werden konnte oder aber, dass ich in Begegnungen durch mein Gegenüber verletzt worden bin. Nauerth (vgl. 2010, S.143) sieht in Menschen, die solche Erfahrungen gemacht haben, in denen Symptome wie Schmerz, Verspannung und/oder Angst vor Ablehnung durch Grenzüberschreitungen oder anderen Erfahrungen entstanden sind, durchaus etwas Positives. Denn um solche Verletzungen zu spüren, müssen Menschen selbst eine Empathiefähigkeit besitzen. Sich selbst verletzlich zu machen, bedeutet auch, sich öffnen zu können. So kann es zu Konfrontationen mit Emotionen, fremden und eigenen, kommen die zu Verletzung und zu Schmerzerfahrung führen. Menschen die empathiefähig sind, sind für Gefühlszustände wie beispielsweise Schmerz empfänglich.

Solche Verletzungen müssen nicht einmal aus böser Absicht passieren, sondern können alleine z.B. durch Fehlinterpretation von Realphantasien entstehen (3.5). Mir ist bewusst, dass solche Ereignisse, Spuren im Leben hinterlassen, vergleichbar mit Narben. Insofern könnten diese Verletzungen verantwortlich dafür sein, dass Menschen in manch aktueller Situation ein höheres Unsicherheitsgefühl verspüren und somit ein höheres Bedürfnis nach Schutz haben als Andere. Bei allen Menschen sind persönliche Erlebnisse dafür verantwortlich, dass sich ihr Denken und Handeln auf eine bestimmte Art und Weise entwickelt haben. Es kann nicht pauschalisiert werden, wann und in welcher Situation Menschen ein Bedürfnis nach Schutz entwickeln, oder in welchen Momenten es ihnen nicht möglich ist, in Kontakt zu treten.

Buber kreiert aus dem Begriff Begegnung, den Ausdruck, „Vergegnung“. Begegnungen sind Ich-Du Momente. Mit dem Wort Vergegnung gelingt es ihm

Begegnungen zu bezeichnen, die die Verfehlungen von wirklichen Begegnungen zwischen Menschen ausmachen (vgl. Buber 1986, S. 9ff.).

Diese Lebensgeschichte von Buber zeigt, dass es aufgrund seiner Schmerzempfindungen zu fehlender Offenheit kam. Ein Ich-Du Moment war nicht möglich. Die Wirkung von Schmerzen, scheinen einen Einfluss auf Handlungsmöglichkeiten zu haben. Menschen können nicht überredet werden, sondern müssen einen eigenen intuitiven Sinn verspüren. In Bubers beschriebener Situation wäre es, beispielsweise, dass er trotz Schmerz eine innere Kraft (einen inneren Wunsch) verspürt, die es zulässt, dass er sich seiner Mutter erneut öffnen kann.

Buber schreibt selbst, dass Enttäuschungen und Misstrauen sich nicht einfach durch Vertrauen ersetzen lassen (vgl. in Muth 2011, S. 55). Damit solche innerlichen Begrenzungen in Offenheit umgewandelt werden können, ist das Überwinden von Angst und Unsicherheit also essentiell. Gefühle, wie Schmerz und Angst vor etwas Neuem gehören zum Leben dazu. Weil Dialoge niemals wiederholt werden können und neue Situationen erneut Gefühle wie Verletzungen auslösen können, taucht Begrenztheit im Leben auf. So kann die Überwindung von so aufgebauten Grenzen nicht als ein einmaliger Prozess angesehen werden, sondern muss als ein sich immer wiederholender Prozess verstanden werden (vgl. Leismann 2010, S.95).

> „Dialogorientierte Menschen sind sich eines Fehlens an Vertrauen bewußt und wollen um ihrer selbst und der Menschheit willen Verbindungen imitieren, damit Menschen aus der erkannten Krise heraus neu handeln, um alte , beispielsweise die der Risikogesellschaft, hinter sich zu lassen." (Muth 2011, S.59)

Mit dem Hintergrundwissen von Buber ist dieses Zitat nicht nur interessant, sondern eine Untermauerung dafür, dass Beziehungen ganzheitlich betrachtet werden müssen. Menschen müssen mit ihren Hintergrunderfahrungen akzeptiert werden und Altes loslassen, wenn sie Veränderung und Wachstum erfahren wollen. Dass dafür Vertrauen notwendig ist und was dies explizit bedeutet, werde ich im letzten Drittel dieser Arbeit darstellen.

3.5 Gesunde Beziehungen

Dialogorientierten PädagogInnen geht es darum, Beziehungen zu leben, Du zu sagen. Ihr Verlangen nach einem authentischen Handeln kann es möglich machen, Verantwortung zu übernehmen und gleichzeitig zu geben (vgl. Muth 2010, S.73).

Der Mensch muss begreifen, dass er nicht ohne Gegenüber *Werden* kann und somit muss diese Abhängigkeit akzeptiert werden.

> „Im Anfang ist die Beziehung: als Kategorie des Wesens, als Bereitschaft, fassende Form, Seelenmodel; das Aprioiri der Beziehung; **das eingeborene Du**." (Buber 1983, S.27)

Eine erste geborene Abhängigkeit ist das „(kindlichen)-Ich" vom „(Erwachsenen)-Du". Wie müssen PädagogInnen, Eltern und andere Verantwortliche handeln, damit Menschen (Kinder) positive Erfahrungen in Beziehungen erleben können und sie das erhalten, worauf sie ein Anrecht haben?

Die Existenz der Kinder ist vor allem in den ersten Lebensjahren auf ein vollkommenes Vertrauen ausgerichtet, dass die Eltern das Richtige tun werden (vgl. Juul 2011, S.54). Dieses könnte auch eine Erklärung dafür sein, warum die ersten Erfahrungen im Leben so entscheidend für unsere Beziehungsfähigkeit sind (vgl. Hüther, 4.).

Im Gestaltsinn (vgl. Fuhr/Gremmler-Fuhr 1995, S.111f.) wird von einer tragfähigen Beziehung gesprochen, wenn die natürliche Ordnung immer wieder in Balance gebracht wird. Diese Ordnung geht von *"Gesetzen"* des Gebens und Nehmens aus, die sich in der Menschheitsentwicklung ausgebildet haben. So sind die jeweils Älteren[9] den Nachkommenden durch das Gesetz des Gebens verpflichtet, ohne dass es in dieser Konstellation um ein Recht auf gleichwertiges Zurückerhalten geht.

> „Indes ist die professionelle Haltung eine einseitige, denn im Vordergrund stehen die Lehrenden, Schülerinnen, Studentinnen oder Klientinnen - und nicht das Werden der Expertinnen." (Muth/Nauerth 2008, S. 26)

Es wird hier von einem *ethischen Prinzip* der natürlichen Ordnung gesprochen, die gewahrt werden muss. PädagogInnen sind gegenüber ihren Lernenden mehr zum Geben verpflichtet als andersherum. Der Kreislauf schließt sich, wenn im Nachhinein die Lernenden ihrerseits ihre *ethisch* begründete Pflicht aufnehmen und das, was sie selbst erhalten haben, an Jüngere weitergeben (vgl. Fuhr/Gremmler Fuhr 1995, S.111f.). Buber beschreibt dieses durch die *einseitige Umfassung*

> „Hinwieder zieht alles Gespräch seine Echtheit nur aus dem Berührtsein von dem Element der **Umfassung**, sei es auch nur aus dem Berührtsein von dem Element der Umfassung, sei es auch nur in dessen abstrakter Erscheinung, als 'Anerkennung' des So-Seins des Gesprächspartners – welche real, wirksam nur dann sein kann, wenn sie einer Umfas-

[9] Mit „Ältere" ist auch der/die professionelle PädagogIn gemeint.

> sungserfahrung, einer Erfahrung der Gegenseite entsprungen ist." (Buber, zit. n. Muth 2011, S.73)

Muth und Nauerth (vgl. 2008, S.21) beschreiben, dass ein echter Beziehungsraum nicht durch einen *Lebensplan* eingefangen werden kann, sowie auch keine materielle Grundversorgung ausreichend dafür ist, um in Beziehung gehen zu können. Eine Beziehung ist nicht käuflich. Der natürliche ***Verbundenheitstrieb***, lässt das Bedürfnis nach sozialem Kontakt entstehen. In diesem *Trieb* geht es um die Bestätigung des Menschen. Dieses kann nur in der Gegenwart, durch das gegenseitige Du geschehen. Um auf die Bedürfnisse meines Gegenübers einzugehen, brauche ich eine Annahme dafür, was dieser braucht. Buber beschreibt dieses als *Realphantasien*.

> „Auf den Umgang zwischen Menschen angewandt, bedeutet Realphantasie, daß ich mir vorstelle, was ein anderer Mensch eben jetzt will, fühlt, empfindet, denkt und zwar nicht als abgelösten Inhalt, sondern eben in seiner Wirklichkeit, daß heißt, als ein Lebensprozeß dieses Menschen." (Buber mit einem Zit. ebd.)

Buber will mit den Realphantasien das intuitive Handeln inhaltlich verfeinern und weiterentwickeln. Realphantasien sind die einzige Anleitung zum dialogischen Handeln. Hinzu kommt noch, dass dialogisches Handeln abhängig vom Menschen ist. Auch hier laufen PädagogInnen Gefahr, durch Bildung von falschen Realphantasien, das intuitive Handeln zu verfälschen (vgl. Muth 2011, S.63f.).

4 Bewusstseinserweiterung

4.1 Wer braucht hier eigentlich wen?

Beim Aufführen der natürlichen Ordnungen eines ausgeglichenen Beziehungsverhältnisses, kam mir die Frage in den Sinn, wer braucht hier eigentlich wen wirklich? Solch ein Kapitel wurde auch bereits von Muth und Nauerth (vgl. 2008, S.30) verfasst. Was passiert, wenn PädagogInnen bewusst oder unbewusst Menschen helfen wollen, weil sie innerlich hoffen selbst bestätigt zu werden? Wenn der wirkliche Grund für das pädagogische Handeln ist, dass sie den Anspruch haben, aufgrund eigener Sehnsucht nach Unterstützung bzw. auf der Such nach Vergangenheitsbewältigung, „richtige" Beziehungsarbeit leisten zu wollen, welche Auswirkung hat es auf das pädagogische Handeln, wenn dieses ein wesentlicher Faktor ist, warum Beziehungsarbeit geleistet wird?

Bei jeder aktuellen Beziehung fließen lebensgeschichtliche Erfahrungen mit ähnlichen Personen oder Merkmalen ein, die fundamentale Prägungen in uns Menschen hervorrufen. Denn diese Erfahrungen sind es, die uns eine erste Orientierung im Umgang mit anderen Menschen geben, um mit neuen Kontakten umgehen zu können. Aktuelle Erfahrungen in Beziehungen können alte Erfahrungen des Grundes bestätigen oder korrigieren (vgl. Fuhr/Gremmler-Fuhr, S. 112).

Meines Erachtens ist der Anreiz bzw. auch die Gefahr groß, dass, wenn PädagogInnen Wünsche nach neuen Erfahrungen in Beziehungen verspüren, sie den Raum der Beziehungsarbeit dafür (aus)nutzen. Es könnte auch möglich sein, dass sie aufgrund ihrer alten Erfahrung TeilnehmerInnen vor ähnlichen Erfahrungen, bewahren, indem sie für die TeilnehmerInnen Entscheidungen treffen und ihr Handeln übernehmen wollen. Das könnte in Sätzen (oder Handlungen*)* sichtbar werden, die besagen: *„Ich weiß, was gut für dich ist."*

Wenn solche „Verschwimmungen" beim professionellen Handeln im Praxisfeld passieren, das PädagogInnen die TeilnehmerInnen genauso brauchen wie, umgekehrt, dann wird ihr Handeln bestimmt von einer *„kultivierte*(n) *Koabhängigkeit des Helfersyndroms" (Muth/Nauerth 2008, S.30).* Wenn Menschen neue Erfahrungen mit alten Erfahrungen deuten, versperren sie sich selbst und Andere der Möglichkeit der Neuorientierung. In diesen Fällen kann nicht zwischen

Figur (aktuelle Erfahrung) und Grund (lebensgeschichtliche Erfahrung) unterschieden werden. Diese Gegenübertragung kann für Verzerrungen und Unklarheiten in Beziehungen sorgen. Es finden Übertragungen und Sehnsüchte von Seiten der PädagogInnen statt. Mit diesen Aspekten der zwischenmenschlichen Beziehung wird deutlich, dass es sinnvoll ist, zwischen Beziehungen und Kontakt grundlegend zu unterscheiden (vgl. Fuhr/Gremmler-Fuhr 1995, S.112f.)

> Dias „[..]geht davon aus, dass die Motivation zum interkulturellen Dialog biographisch zwingend ist und ungelöste Probleme der eigenen gesellschaftlichen Integration damit unbewusst bearbeitet werden. Die PädagogInnen sind selbst 'Heimatlose oder Verlorene im eigenen Land'." (zit. nach Muth 2011, S.133)

Wenn es seitens der PädagogInnen zu einer zu hohen Identifikation der Bedürfnisse ihrer TeilnehmerInnen kommt und deren Erfüllung derer Bedürfnisse primär ihrer Selbstwertsteigerung dient, spricht Pandey (vgl. Muth 2011, S.135) von einer Gefahr des Ausnutzens. Es muss den PädagogInnen gewahr werden, dass in der Gegenwart nichts aus ihrer eigenen Vergangenheit nachträglich gerettet werden kann.

Kein dialogisches Handeln kann verursachte Sehnsüchte nach Anerkennung oder nach bedingungsloser Liebe nachträglich erfüllen. Meiner Meinung nach besteht eine große Verwechslungsgefahr bei dem Verständnis der persönlichen Bestätigung durch die *Ander(s)heit*. Denn diese drückt sich im gegenseitigen „Du" sagen aus und wird von den PädagogInnen nicht dadurch erreicht, dass sie ihr eigenes Selbst aufgeben. Auch wenn das *Bestätigungsbedürfnis* besagt, dass Menschen sich gegenseitig bestätigen können, bedeutet es nicht gleich, dass dieses bei den ExpertInnen, als Legitimation für eine Beziehung benutzt oder sogar missbraucht werden darf (ebd.).

Um bei meinem Gegenüber zu sein, muss ich auch ganz bei mir sein. Dafür braucht das Ich ein Wissen über das jeweilige *Eigenwesen*. Denn wie es sich hier immer mehr heraus stellt, sind PädagogInnen ihr eigenes Handwerkszeug in der *Begegnung* (vgl. Muth/Nauerth 2011,S.30). Sie beeinflussen das dialogische Handeln mit ihrer Person und ihrer eigenen relativen Wahrheit (7.4) und somit wird die Notwendigkeit sichtbar, dass die Besinnung und Anschauung der eigenen Dialogbiographie unumgänglich ist. PädagogInnen müssen sich dieser Selbstbesinnung stellen, wenn sie eine entsprechende Kompetenz glaubwürdig vermitteln möchten.

„Sie brauchen keine Kommunikationstheorie sondern ein Bewusstsein über ihr eigenes Kommunikationsverhalten. Zum Erkennen brauchen sie Distanz zu ihrem Handeln. Sie brauchen ein autobiographisches Wissen über das Erlernen ihrer Dialogfähigkeit."(Muth 2011,S.189)

Um mir dieses Wissen zu *vergegenwärtigen*, braucht es mehr als nur Distanz zu meinem Handeln. Es braucht für mich den Mut, die Ehrlichkeit und die Kraft, da hinzuschauen wo es unangenehm ist, mir selbst gewahr zu werden, dass auch ich Gründe haben werde, warum mich diese Haltung so sehr interessiert und wo meine eigenen Sehnsüchte sind. Ich brauche Vertrauen, um mich öffnen zu können und mich zu fragen, wo moralische Mythen und Ideale versteckt sind, die meinen Anspruch an meine Arbeit stellen. Nehme ich mich meiner Person an? Denn nur dann ist es möglich, dass ich mich von der Anerkennung meiner TeilnehmerInnen frei mache und mein professionelles Handeln nicht darauf ausrichte.

Ich bin mir sicher, dass es Momente gibt, in denen ich nicht professionell Handeln kann, weil ich abhängig von den Gefühlen meines Gegenübers bin oder mich meiner Person nicht annehme. Um das zu reduzieren und mir bewusst zu machen, bedarf es des Rückgriffs auf meine Vergangenheit. An dieser Stelle taucht für Buber allerdings ein Dilemma auf:

„Das Hindernis. Denn die Ausbildung der erfahrenden und gebrauchenden Fähigkeit erfolgt zumeist durch die Minderung der Beziehungskraft des Menschen – der Kraft, vermöge deren allein der Mensch der im Geiste leben kann." (Buber 1983, S.36f.)

4.2 Meine Vergangenheit und Ich

„Wer ich bin, weiß ich aus dem, wer ich war." (Muth 2011,S.189)

Eigentlich ist es ja *„gar nicht so schwer"*, dieses Kapitel mit meiner eigenen Vergangenheit und dem heutigen Ich zu füllen. Schließlich gäbe es genug zu schreiben, wenn es darum geht mir zu *vergegenwärtigen,* welche Anteile meiner Vergangenheit dazu beigetragen haben, Schwächen und Stärken zu entwickeln und warum ich zu diesem Zeitpunkt die Lebensrichtung als PädagogIn eingeschlagen habe. So ließen sich genügend Gründe *dafür* finden, warum ich mich zum dialogischen Handeln hingezogen fühle. Ein Grund des Gefallens und das Interesse am dialogischen Prinzip *ist* die Begründung am Anfang meines Studiums gewesen. Aber es reicht meines Erachtens nicht aus, um letztendlich begründen zu können, warum ich diese Haltung verinnerlichen wollte. An dieser Stelle sehe ich es als eine „hohe Kunst" an, darüber zu schreiben.

Denn für mich ist es ein schmaler Grat aufzuzeigen, dass ich mich mit meiner Vergangenheit und demnach mit meiner heutigen Person und der eingeschlagenen Lebensrichtung beschäftigt habe und immer noch beschäftige, jedoch meinen Ich-Anteil in diesem Rahmen in der Darstellung zu begrenzen. So habe ich mich schon öfter gefragt, ob Beziehungsarbeit leisten heißt, sein eigenes Ich vor anderen offen legen zu müssen. Ich habe gelernt und erfahren, dass professionell sein nicht bedeutet, dass das eigene Innen nach Außen gekehrt werden muss,

> „[...] sondern professionell ist der Mensch, der die eigene Subjektivität anerkennt und aus seiner Lebenspraxis heraus authentische Gedanken formulieren kann." (Muth/ Nauerth 2008, S.19).

Sich selbst zu akzeptieren bedeutet, sich selber immer wieder neu kennenzulernen und anzunehmen. Ein Selbstbewusstsein, dass sich bloß an äußere Maßstäbe hält, nicht auch an eigenen inneren Maßstäben bemessen wird oder das sogar mit Selbstablehnung gekoppelt ist, eignet sich nicht als Voraussetzung zum professionellen Handeln (vgl. Yontef 1999, 5.).

Äußere Maßstäbe und moralische Mythen abzulegen und sich davon frei zu sprechen, bedeutet, sich diese erst einmal bewusst zu machen. Mit Hilfe von Lehmenkühler- Leuschner fasst Muth (vgl. 2011, S.132ff.) zusammen, dass der Anspruch an die PädagogInnen besteht, dass sie vorurteilsfreie Menschen sein sollen und alle TeilnehmerInnen gleich behandeln müssen. Solche Mythen können Utopien, Ängste Fehler zu machen, entstehen lassen. Das kann eine Ursache dafür sein, dass PädagogInnen *„kein realistisches Gewahrsein für ihr Selbst als Ich-Du"* entwickeln und dadurch weder Erfolge noch Misserfolge des eigenen pädagogischen Handelns wahrnehmen können. PädagogInnen haben die Tendenz, dass sie sich durch hohes Engagement auszeichnen und mit pausenloser Belastung leben. Ihr Schuldgefühl schwingt mit, wenn es um Mythen geht, dass sie alle Menschen gleich behandeln sollen, dazu aber gar nicht in der Lage sein können.

Aufkommende Scham ist in diesem Kontext ein Gefühl, dass hier durch ein mangelndes[10] Verhalten zustande kommt. Scham ist „die Verinnerlichung der anderen im inneren Blick auf sich selbst, im Selbstbild." (Marks zit. n. Muth 2010b, S.127)

---

10 Unter mangelndem Verhalten verstehe ich, dass ein Anspruch nicht erfüllt wird, welches sich aus eigenen und fremden Ansprüchen zusammen setzt.

Die Auseinandersetzung mit Scham und der eigenen aufkommenden Verunsicherung kann dafür sorgen, dass eine Fürsorgehaltung gegenüber den TeilnehmerInnen aufgebaut wird. Diese Fürsorgehaltung kann auch als ein Schutz benutzt werden (ebd.).

Juul (vgl. 2011, S. 65ff.) empfiehlt bei aufkommender Verunsicherung, bei Konfrontationen mit eigenen oder fremden Gefühlen, nicht zur Ablenkung zu greifen. Unsicherheiten müssen ausgehalten werden und das Hinschauen auf der persönlichen Ebene ist wichtig.

Ohne Auseinandersetzung und Loslösung von den idealisierten Bildern ist dies nicht möglich. PädagogInnen müssen die „helfende und gönnerhafte Position" aufgeben und sich den Gefühlen wie Scham und Ängsten, wie z.B der Angst zu Versagen, stellen. Es braucht Besinnung auf das Ich, das ohnmächtig und verletzlich ist. Wenn dies nicht geschieht, behindern PädagogInnen sich selbst, begrenzen ihr Handeln und nehmen sich die Chance, ihre eigenen Ideen und Grenzen herauszufinden (vgl. Muth 2011, S.132). Die Verstrickung in den eigenen Gefühlen, die Auswirkung auf das eigene Handeln hat, habe ich im Zitat von Buber gefunden. Er spricht von einem *Selbst-Widerspruch*.

> „ -Was ist das: Selbst-Widerspruch?- Wenn der Mensch das Apriori der Beziehung nicht an der Welt bewährt, das eingeborene Du nicht am begebenden auswirkt und verwirklicht, dann schlägt es nach innen. Es entfaltet sich am unnatürlichen, am unmöglichen Gegenstand, am Ich; das heißt; es entfaltet sich da, wo es gar keinen Ort zur Entfaltung hat. So entsteht das Gegenübertreten in sich selbst, das nicht Beziehung, Gegenwart, strömende Wechselwirkung, sondern nur Selbstwiderspruch sein kann. Der Mensch mag ihn als eine Beziehung, etwa als eine religöse, auszudeuten versuchen, um sich dem Grauen des Doppelgängertums zu entwinden: er muß immer wieder das Trügerische der Deutung entdecken. Hier ist der Rand des Leben. Ein Unerfülltes ist hier in den wahnwitzigen Schein einer Erfüllung geflüchtet; nun tastet es in den Irrgängen umher und verliert sich immer tiefer." (Buber 1983, S.68)

Mir kommt bei diesem Zitat ein Bild von Marionetten in den Sinn. Dabei stehen die Marionetten für die PädagogInnen, die nicht mehr in der Lage sind, eigenbestimmt zu handeln.

Es kann durch Selbstverleugnung dazu kommen, dass PädagogInnen sich nur noch darauf konzentrieren und Erwartungen an andere Menschen richten, sich ebenfalls solch ein Verhalten anzulegen. Sie versuchen dann, Idealisierung oder Abwertung der Anderen auszugleichen (vgl. Schmidt nach Muth 2011, S.137). Das kann aber unmöglich als ein professionelles Handeln verstanden werden.

Es umgeht die Konfrontationen mit Gefühlen, die ein Unbehagen auslösen und verhindern so ein realistischen Blick auf die gesellschaftliche Situation (ebd.).
Ohne eine ausreichende Distanz zum *Eigenwesen* können PädagogInnen ihre eigenen Ansprüche nicht erkennen und diese Reflexion kann meines Erachtens nicht in den gleichen Situationen und Lernräumen passieren, in denen von PädagogInnen professionelles Handeln gefordert wird. Sie würden die natürliche Ordnung verletzen (3.5). Dafür brauchen PädagogInnen Raum und Möglichkeiten, sich von Ihrem eigenen Handeln zu distanzieren. Dies kann z.B. mit Hilfe der aufgeführten *phänomenologischen Methode* passieren (2.2). Um das Handeln reflektieren zu können, brauchen PädagogInnen erst einmal den Raum, in dem sie praktische Erfahrungen machen können. Denn schließlich sind echte Dialoge auch nur in der konkreten Wirklichkeit möglich.
Deswegen stellen Muth und Nauerth (vgl. 2008, S.31) die Forderungen, dass AnfängerInnen wie auch ExpertInnen Handlungsräume brauchen, in denen sie sich ausprobieren und üben können. Für mich bedeutet das aber auch, dass PädagogInnen offen gegenüber ihrem Eigenwesen sein müssen und ihre eigene Unvollkommenheit akzeptieren müssen.
Lassen PädagogInnen es wirklich zu, sich ihrer Handlungsfähigkeit und ihrem Eigenwesen zu stellen, dann kann es zu neuen Erkenntnissen kommen (vgl. Schopp 2010, S.121). Ich habe im Laufe meines Studiums gelernt, dass wenn es zu einem innerlichen Unbehagen über das eigene Kommunikationsverhalten kommt, dieses vollkommen in Ordnung sein kann und sogar dazu gehört, wenn Veränderung eintreten soll. Wenn also Aggressionen zu spüren sind, ist daran nichts Verwerfliches, denn

> „Aggression als konstruktive Kraft zu verstehen, die Menschen für Veränderungen existenziell brauchen, darin liegt die besondere Sichtweise dialogphänomenologischer Praxisentwicklungsforschung." (Muth 2010a, S.13)

In diesem Kontext wird Aggression als Aufbruch und Grundlage von Bewegung und Wachstum verstanden (vgl. Leismann 2010, S.93). Auch wenn solche Gefühle zur Veränderung dazu gehören, ist das nicht immer angenehm. So wird eine Notwendigkeit deutlich, das PädagogInnen Weiterbildungsangebote bzw. Räume brauchen, in denen sie sich mit ihrer Beziehungsfähigkeit und ihrer Lebensgeschichte auseinandersetzen können. Um sich Bereichen des eigenen Lebens zu öffnen, die noch gesehen bzw. gehört werden müssen, braucht es

Vertrauen. Durch das Gewahrwerden über ihr Kommunikationsverhalten und das Erfahren der eigenen Person, werden „innere Polarität zwischen Eigen- und Personenwesen“ entdeckt. Aus der Distanz können PädagogInnen ein Bewusstsein darüber entwickeln und erkennen, dass es möglich ist, eine Vielfalt von Lebensformen und eigenen *Übergangsfähigkeiten* zu haben. Wenn PädagogInnen ihr interkulturelles *Eigenwesen* überwinden und ihr transkulturelles *Personenwesen* erfahren, können sie in Interaktionen „durch Vertrauen, Echtheit als ernsthaftes Interesse, Pluralität und Akzeptanz“(Muth 2011, S.189f.) Du sagen . So werden unter *Personenwesen* Menschen verstanden, die beziehungsorientiert handeln (vgl. Muth/Nauerth 2008, S.29).

> "Beide Seiten sind notwendig zur Entwicklung einer dialogischen Persönlichkeit. [...] Ihr Ich spürt eine produktive Abhängigkeit, die sich im 'Vertrauen' und 'Du-Sagen' ausdrückt" (Muth 2010, S.190).

PädagogInnen mit einer dialogischen Persönlichkeit wissen, dass sie immer Dialoge zum Erhalt ihres Selbst brauchen (ebd.). Ausgehend von der These, die Muth (vgl. 2011, S.134) folgendermaßen formuliert: Das transkulturelle Lernen ist Identitätslernen und würde in Form von sozialen Beziehungen geschehen. Dafür sei es entscheidend, was für ein Bild PädagogInnen von sich selbst und von Anderen haben, denn dieses steht in Abhängigkeit davon, ob überhaupt eine Beziehungsfähigkeit mitgedacht werden kann.

4.3 Sich selbst zum Problem

In den letzten beiden Kapiteln hat sich herauskristallisiert, dass ein *Selbst-Widerspruch* und eine schwache Identitätsausprägung im Widerspruch zur Beziehungsfähigkeit und -arbeit stehen.

An dieser Stelle ist die Klärung der eigenen Bedürfnisse und Erwartungen der ExpertInnen eine wesentliche Voraussetzung. Muth sagt, dass diese Klärung „biographisch plausibel“ (Muth 2011, S.191) sei. Dies kann ein Weg sein, um zwischen ihren eigenen und den Bedürfnissen der TeilnehmerInnen differenzieren zu können. Erfolgreich können PädagogInnen nur sein, wenn sie erkennen und akzeptieren, wie schwierig Interaktionen sein können und dass es auch zum „Mißlingen“ kommen kann (vgl. Muth 2011, S.193). Um sich selbst in Interaktionen als Problem zu erkennen, brauche ich Rückgriff auf die eigene

Vergangenheit und Räume, in denen ich meine *Unvollkommenheit* benennen kann (4.1).

> „Der Mensch wird am Du zum Ich." (Buber 1983, S.28)

Werden kann ich letztlich nur, wenn ich in den Kontakt trete. Dafür muss ich aus der Analyse (*Ich-Es*) in die *Ich-Du* Beziehung übergehen. Mit diesem Verständnis wird der Mensch nicht als „vollkommen" geboren, sondern er selbst ist auch immer Lernender. So ist es egal, ob es sich um AnfängerInnen oder ExpertInnen handelt, beide können an dem Punkt wo sie gerade stehen dazu lernen und *Werden*. Es geht schließlich darum, seine jetzige Haltung immer wieder in Situationen zu erfahren und zu verstehen und zu akzeptieren, dass der Prozess zu *Werden* Geduld braucht:

> „Es ist das Du sagen und nicht die Ego- bzw. Eigenwesen-Zentriertheit, die die Identität als Dialogbiographie entstehen lässt. Es ist eine menschliche Beziehung zur Nicht-Welt, zum Immateriellen" (Muth 2011, S.190).

Vertrauen wirkt dabei als geistiges Phänomen. Vertrauensvolles Handeln wird zum transzendenten Ausdruck des Menschen. Geistigen Sinn spüren die Menschen immer nur von innen heraus. Insofern wird das *Ich-Du* von PädagogInnen als eine soziale und geistige Institution angesehen, der Vertrauen geschenkt werden darf. Folglich ist jede Dialogbiographie ein Beispiel zur Erklärung eines Dialogverhaltens. Damit überprüfen sie ihre biographischen Bedürfnisse und Erwartungen. Dadurch, dass PädagogInnen ihre eigene Dialogbiographie und Fähigkeiten entwickeln, stellen sie fest, wer sie sind und wie sie als PädagogInnen sein wollen. Jede ***Dialogfähigkeit hat eine Geschichte (3.5)***. Aus der Analyse der Dialogbiographie ergibt sich Distanz, die bedingt, Dialogik als Wissenssystem zu begreifen. Die strukturelle Rahmung führt dazu, dass das Ich in transkulturellen Handlungsprozessen als Ich-Es wahrgenommen wird (vgl. Muth 2011, S.189ff.).

So fällt mir beim Schreiben auf, wie wesentlich beides ist. Es geht darum, sein Kommunikationsverhalten zu reflektieren, aber auch weiterhin *Werden* zu können. Zum Schluss dieses Kapitels möchte ich nochmal auf einen wesentlichen Punkt hinweisen, der mir selbst sehr wichtig ist. Es geht dabei um das Offen sein zu meinem Du aber auch mir selbst gegenüber.

> „Eine solche Offenheit bedingt Verletzbarkeit, von der das pädagogische Ich ausgehen muss, wenn es sich auf vertrauensvolles Lernen einlässt. Es darf die Angst vor dem Selbstverlust nicht übersehen werden, weil Menschen Rückgriff auf die historische gewordene Identität brauchen. Durch das damit verbundene Erinnern kann der Mensch sei-

ne sozialen Bezüge entdecken. Dieses Vorgehen macht Sinn für die Identitätsfindung von Pädagoginnen.“ (Mildenberger zit. n. Muth 2011, S.137)

So kann auch ich mich nicht von der Verletzbarkeit freisprechen, auch nicht in der Rolle einer PädagogIn. Wenn ich authentisch wirken möchte, muss ich lernen. mich in meiner Ganzheit zu erkennen und dass mein Sein, durch meine Person, Grenzen mit sich bringt. Als Mensch authentisch zu sein, heißt gerade nicht, dass PädagogInnen mit ***jedem*** und ***immer*** *dialogisch* sein müssen.

4.4 Kein Verzicht auf Dialog

Für Fuhr und Gremmler-Fuhr (vgl. 1995, S.108f.) ist es eine Tatsache, dass eine Beziehung selbst nicht unmittelbar vom Dialog abhängig sei, sondern nur die Qualität der Beziehung. Doch so stelle ich die Frage, wie essentiell diese Qualität für die Beziehungen ist. Können Ziele der transkulturellen Dialogik ohne Dialog erreicht werden? Denn Ziele der transkulturellen Dialogik sehen nur in der Du-Welt, dass ein Handeln impliziert, die Möglichkeit diese Ziele zu erreichen. Die Ziele von denen hier gesprochen wird, sind die „Selbsterziehung“ (Buber nach Muth 2011, S.96) in Hinblick auf die Entwicklung globaler Verantwortung und sozialer Identitätsfindung (vgl. Muth 2011, S.187). Auch das vorher Dargestellte und der weitere Verlauf meiner Arbeit werden zeigen, dass nicht auf diese Art von Qualität in Beziehungen verzichtet werden kann, denn was ist das für eine Beziehung, die keine *Begegnungen* erfährt?

Wenn von Bubers Aussage ausgegangen werden kann, dass *„am Anfang die Beziehung ist“(3.2)* und Menschen durch das Gegenüber *Werden*, dann bedeutet dass auch, dass die Qualität der Beziehung vom Dialog abhängig ist und das Leben des Menschen auch. Schließlich entwickeln Menschen durch den Dialog ihre eigene Identität (2.3). Über lange Sicht würden beim Menschen ohne den Dialog bestimmte Mängel und Sehnsüchte in jener qualitätslosen Beziehung auftauchen, die zur Kontaktstörung und Isolation führen könnten (3.4). Bohm (vgl. 2005, S.76) führt auf, dass Beweggründe für das Interesse am Dialog sind, dass Menschen sich isoliert, einsam und unzufrieden fühlen. Wenn ich dem gemeinsamen *Wir* vertrauen schenke, dass die Menschen diese Gefühle der Einsamkeit spüren werden, dann lohnt sich das Standhalten des dialogorientierten Handelns für mich.

„Und wir müssen an der Basis (der Beziehung) anfangen, nicht an der Spitze.“ (Bohm 2005, S.82) (Klammerangabe von NP)

5. Beziehungen brauchen Grenzen

Die Beziehungen zwischen PädagogInnen und TeilnehmerInnen erfordern einen besonders verantwortungsvollen Umgang mit der Grenzbildung. Dieses Bewusstsein und Handeln wird vor allem von den ExpertInnen verlangt. Es ist eine gute Absicht, die eigenen Grenzen und die Grenzen der TeilnehmerInnen zu wahren und auszuschöpfen, dennoch reicht es nicht immer aus, da uns oft unsere unbewussten Motive, falsche *Realphantasien*, Streiche spielen können. Ein können auf eine Art und Weise zustande kommen, wie wir es gar nicht beabsichtigen (vgl. Fuhr/Gremmler-Fuhr 1995, S.90f.). Es ist ein häufiges Phänomen, dass Menschen von ihrem Gegenüber getröstet werden, als ob sie traurig sind, stattdessen sie eigentlich frustriert sind. Das weist darauf hin, dass das tröstende Gegenüber eine schwere Frustration aushält (vgl. Juul 2011, S.64).

An dieser Stelle folgt der Teil meiner Arbeit, in dem ich mich explizit mit dem Entstehen von Grenzbildungen, dem Sinn von Grenzen, generelle Grenzen in sozialen Strukturen und Auswirkungen von Grenzüberschreitungen auseinandersetzen und beschäftigen werde. In meinem Leben, besonders in der Rolle als PädagogIn, bin ich eine Verfechterin davon geworden, Menschen und Situationen verstehen zu wollen, damit ich anschließend handeln kann, um gezielt wirken zu können. Meine Erfahrungen sind es aber, nicht immer alles verstehen zu können. Besonders am Anfang meines Studiums gab es viele Momente in pädagogischen Feldern, in denen Situationen mich zur völligen Überforderung brachten. Ich hatte oft das Gefühl, dass viele Situationen sich aneinander reihten, die mich zum Handeln gebracht hatten, bevor ich diese überhaupt verstehen konnte. Es führte zu einem inneren Spannungsgefühl, denn ich spürte einen leidenschaftlichen Ehrgeiz, der sich zeitweise in Ungeduld oder Verzweiflung ausdrückte, wenn mir das Interagieren nicht gelang oder ich in Situationen aus unterschiedlichen Gründen nicht in der Lage war das Geschehene zu verstehen.

Auch ich habe Ansprüche an mein pädagogisches Handeln und erfahre allzu oft, dass es viele Situationen und Menschen gibt, die mich meine persönlichen Grenzen erfahren lassen. Ein Dilemma, das ich bei mir selbst erkannte, war, dass ich mich zu oft in jeden einzelnen Menschen hinein versetzte, so dass ich dazu beigesteuert habe, Menschen in solchen Situation nicht begrenzen zu können. Denn schließlich gab es verständliche Gründe, warum meine TeilnehmerInnen auf eine Art und

Weise gehandelt haben, wie sie es getan haben. Ein Prinzip nach dem ich handle ist, dass ich erst anfange zu sprechen, wenn die TeilnehmerInnen zur Ruhe gekommen sind. Manchmal gibt es allerdings TeilnehmerInnen, die Schwierigkeiten damit haben, da sie z.B. in ihrem Umfeld selten Stille erfahren. Ich habe Geduld mit solchen TeilnehmerInnen, aber es kann mir passieren, dass ich dadurch den Kontakt zu andere TeilnehmerInnen verlieren kann, die schon lange in ihrer innerlichen Stille verweilen. So gab es Situationen, in denen ich nicht die von mir als PädagogIn abverlangten Grenzen setzte. Menschen zu begrenzen fällt mir schwer und ich merke meine Ambivalenz. Solche Erfahrungen sind und waren es, die mich veranlasst haben, über Grenzen in Beziehungen in vorliegender Form zu schreiben.

5.1 Was bedeuten Grenzen im Kontaktgeschehen

> „Geistige Gesundheit und Einheit sind viel eher in den Grenzen eines sicheren, aber mutigen Lebens zu erlangen. Wenn man bis zu äußersten Grenze gefordert wird, dann riskiert man seine geistige Gesundheit. Wenn dieser Kampf vermieden wird, dann wird man es vielleicht bequem haben, aber man stagniert. Wenn man sich auf diesen Kampf einläßt und ihn gewinnt, dann entsteht ein freier Geist." (E. u. M. Polster 1992, S.193)

In Kapitel 3.2 bin ich schon einmal kurz auf die Bildung von Grenzen im Kontaktgeschehen eingegangen, was ich nachfolgend vertiefen werde. Dafür beziehe ich mich auf den Gestaltansatz. Perls und Goodman (vgl. in Blankertz/Doubrawa 2005, S.196) waren es, die auf die Bildung von Kontaktgrenzen und die Abgrenzung zwischen Organismus und Umweltfeld hingewiesen haben.

Zur Verständlichkeit ist die Begrifflichkeit „Feld" wichtig. Denn „Feld" bezieht sich im gestalttherapeutischen Sinn auf die Wechselwirkung, die Grenze zwischen Bekanntem und Unbekanntem. Dieses ist eine fließende, da sie immer nur eine Momentaufnahme vom Prozess des ständigen Wandels ist. Der Organismus, der alleine durch seine Haut eine Kontaktgrenze zur Umwelt bildet und dadurch als eigenständig gilt, befindet sich innerhalb des Wahrgenommenens (ebd.). Dieses Verständnis gleicht der Auffassung von Merleau-Ponty. Der beschreibt, dass es kein Organismus ohne Welt geben und somit auch nicht definiert werden kann(3.2). Die Kontaktgrenze kann noch genauer benannt werden, denn wir sprechen hier von einer Grenze, die vor der Haut des Organismus liegt. Sie wird in der Gestalttherapie als der Punkt bezeichnet, an welchem die Berührungen zwischen Organismus und Umweltfeld stattfinden (vgl. ebd. S.181, S.197f.).

Durch die *unmittelbare Kontaktannahme* wird der Organismus eins mit der Figur des Feldes. Erst zum Abschluss eines solchen Kontaktprozesses wird bei dem Organismus eine Abgrenzung von der Umwelt erlebt, bis schließlich ein „Zwischenstadium“ erreicht wird, in dem Organismus und Umweltfeld noch oder wieder undifferenziert sind. In der praktischen Erfahrung kann es zu Überlagerungen in Kontaktprozessen kommen, da, der Mensch sich auf unterschiedlichen geistigen Ebenen oder in verschiedenen physischen Rollen einer Beziehung befinden kann (vgl. Fuhr/Gremmler-Fuhr, 1995 S. 88).

5.2 Grenzen haben einen Sinn

Nicht zu verwechseln ist, dass ein ständiger Austausch eine Berührung zwischen Organismus und Umwelt ist, aber keine *Einverleibung* meines Gegenübers bedeutet (vgl. Buber in Muth/Nauert 2008, S. 22).Menschen benötigen die „Fähigkeit“ Kontaktgrenzen zu ziehen, denn ohne Begrenzungen sind keine *Begegnungen* möglich (vgl. Peter 2010, S. 161).

> „Du sagend Ich werdend. Ich sagend du werdend.“ (ebd.)

Die Kontaktgrenze ist eben nicht nur eine Abgrenzung zwischen Organismus und Umweltfeld. Sie begrenzt und schützt einerseits den Organismus, und zugleich gilt sie als Berührungspunkt für die Umwelt.

> *„Die Beziehung der beiden Größen hat das Wachstum des Organismus zum Ziel.“* (Peter 2010, S. 172)

Es ist nicht ungewöhnlich, dass die Verbindungskraft von Kontaktgrenzen schwieriger nachzuvollziehen ist, als die trennende Kraft der Grenzbildung. Die Verbindungskraft bleibt den Menschen oft verborgen. Denn wenn Menschen in *Begegnungen* stehen, kann dieses zwar als Berührung wahrgenommen werden, doch die auftretende trennende Kraft ist es, die durch ihre Energie Grenzen erfahrbar machen lässt (ebd. S. 162). Es braucht Kontakt, damit es zur Grenzbildung kommen kann bzw. der Organismus sich gegenüber der Umwelt selbst behaupten kann (3.2).

U.a. kommen Grenzbildungen durch den Einsatz von Aggression zustande. Durch die Erregung von Aggressionen, kann der Organismus genug Mut und Energie aufbringen, um sich von dem zu lösen, was er für sich nicht als gut und brauchbar ansieht. Der Organismus entscheidet zielgerecht was unbrauchbar für ihn erscheint und trennt sich deswegen davon. Was sich als brauchbar erweist wird zur

Verarbeitung und zur Anpassung des Guten verwendet (vgl. Blankertz/Doubrawa, 2005, S.11, 137-145). Aggression bekommt in diesem Kontext einen positiven Charakter. Sie wird als konstruktive Kraft gesehen, die dem Organismus ermöglicht, seine Umwelt zu verändern. Die Intention hinter diesem Handeln ist das grundlegende Streben nach Selbstverwirklichung (vgl. Blankertz in Muth 2010a, S.14).

> „Es ist ein interessantes Paradox, dass wir in unserer Kultur aggressives und selbstbehauptendes Verhalten als schuldig werten und selbstloses Verhalten als unschuldig.“ (Juul 2011, S.60)

Die Grenzbildung zwischen dem Organismus und seiner Umwelt spielt eine lebenswichtige Rolle, wobei der Einsatz von Aggression zur Bewegung und zum Wachstum des Organismus beiträgt. Sich abzugrenzen, kann einerseits, wie bereits beschrieben, aus einer zielgerichteten Entscheidung heraus entstehen, um sich frei von Unbrauchbarem zu machen und sich dem Brauchbarem zuzuwenden. Andererseits kann Abgrenzung laut Peter (vgl. 2010, S.162) für Ruhe, Entwicklung von inneren Prozesse und Tendenzen sich ordnen zu wollen, genutzt werden. Kontaktgrenzen sind Erfindungen unseres Bewusstseins. Wenn Grenzbildung zur Abgrenzung stattfindet, wird dieses auch für unser Auge sichtbar gemacht z.B. durch Gartenzäune, Grenzstreifen etc. In abgegrenzten Bereichen kann es zu einer einzigen Wirklichkeit kommen. Diese gelebte Wirklichkeit kann dann einen Wahrheitsanspruch haben und sieht sich als absolut an (vgl. Fuhr/Gremmler-Fuhr 1995, S. 88f). Fuhr und Gremmler-Fuhr (vgl. 1995, S.89) weisen jedoch darauf hin, dass Grenzbildungen von Menschen erschaffen sind und genauso wieder aufgelöst werden können.

Hier kommt mir die Institution Kirche in den Sinn. Innerhalb ihr wird eine Wirklichkeit gelebt und Menschen, die andere Wirklichkeiten denken und leben, sind nicht erwünscht. Sie werden ausgegrenzt. So ist es kein Wunder, dass es zu Konflikten kommt.

Denn diese entstehen im Zusammenleben immer dann, wenn wir unsere Wahrheit und Grenzbildung als objektiv absolut ansehen, und wenn wir neben dem Aspekt der Abgrenzung, nicht auch gleichzeitig den der Berührung anerkennen wollen (vgl. Juul 2011, S.16). Ich würde sagen: „So bin ich meinem Feind manchmal näher als ich denke.“

5.3 Strukturelle Grenzen

Bevor ich auf die Auswirkung und die Notwendigkeit von Grenzbildung weiter eingehen werde, möchte ich kurz auf die Ausnutzung und Starrheit von strukturellen Grenzen hinweisen. Gerade wurde erläutert, dass Grenzbildung nicht objektiv sein kann, da sie vom Subjekt erschaffen wurde und dadurch auch immer verändert werden kann. Menschen, die Anhänger ihrer Sozialstrukturen sind, sind häufig darauf aus, dass alles bleiben soll, wie es ist. Sie hängen an ihren Strukturen, fühlen diese als benötigten Schutz und sehen diese sogar als absolut an (5.2). Diese generellen Grenzen können auch als Normen der Kultur angesehen, bzw. als „feste" Regeln verfasst werden (vgl. Juul 2011, S.16). Es kommt nicht allzu selten vor, dass es feste Regeln gibt, die sich in der Offensichtlichkeit unterscheiden. Oft sind es sogar unbewusste Normen, über die vielleicht noch nicht einmal wirklich gesprochen wurde. Solche Normen sind vor allem dann spürbar, wenn es zu einer Veränderung in Sozialstrukturen kommt.

Als Beispiel: Drei Menschen leben schon länger in einer Wohngemeinschaft zusammen und jemand Neues kommt hinzu. Am Anfang ist es nicht unüblich, dass der Neue in der neuen Sozialstruktur über offensichtliche Regeln aufgeklärt wird, wie z.B. den Putzplan. Doch der Neue wird schnell merken, dass es weitere Strukturen gibt, auf die er nicht hingewiesen worden ist. Die Nicht-Benennung ist keine böse Absicht, sondern es sind schon lang existierende unbewusst gelebte Strukturen, deren Gründe unterschiedlich sein können. Nichtsdestotrotz werden diese unbewussten Regeln erst der Nichteinhaltung durch den Neuen, weil dieser sie nicht kennt und die Struktur dadurch ihre Aufmerksamkeit bekommt. Es könnte sich z.B. um die Musiklautstärke im Zimmer handeln. Egal um welche Strukturen es sich handelt, die Aufnahme neuer Handlungen ist immer im komplexen Zusammenhang mit der jeweils gelebten Lebenspraxis und dem Charakter des Menschen zu sehen.

In den verschiedensten Sozialstrukturen gibt es die Chance, seine Fähigkeiten weiter zu entwickeln und die eigene Grenzbildung zu verändern und zu überprüfen, inwieweit die eigene Sinnhaftigkeit gegeben ist. Wenn zu diesem Zeitpunkt im Repertoire von Menschen Fähigkeiten fehlen, wird dieses vor allem erfahrbar, wenn Menschen Kulturen wechseln oder sich von ihrer eigenen sozialen Struktur distanzieren. Folglich entstehen Kontaktgrenzen aus sozialen Empfindungen und sind als Reaktionsgebilde zu verstehen.

„Behalte die Reaktionen des Kindes im Auge und nimm sie ernst." (Juul 2011, S.44)

Deshalb geht es darum, dieses Reaktionsgebilde wahrzunehmen und den Umgang mit Grenzen zu lernen, damit wir uns in der Welt orientieren und mit ihr in Kontakt treten können. Daraus resultieren gleichzeitig essentielle Aufgaben für BeziehungsarbeiterInnen. Dazu zählt zum einen die Unterstützung des Zurechtfindens in den sozialen Räumen und zum anderen das Finden der eigenen Lebenspraxis. Es geht um eine Bewusstseinserweiterung, die durch pädagogisches Handeln vermittelt werden kann, wie mit situativ angemessenen und respektvollen Grenzbildungen umgegangen werden kann und das Spüren von Grenzphänomenen möglich wird (vgl. Fuhr/Gremmler-Fuhr 1995, S. 91f.).

„Entscheidend ist der bewußte Umgang mit der begrenzten Rezeption in Hinblick auf die über- und herausgenommenen (dialogischen) Elemente." (Muth 2011, S.185)

Es muss verstanden werden, dass der Mensch Zeit braucht, um in sozialen Strukturen seine eigene Position zu finden (vgl. Juul 2011, S.66). Für die Menschen, die die Sozialstruktur schon angenommen haben, werden alte Strukturen deutlich, wenn es Menschen gibt, die sich durch die trennende Kraft von Strukturen lösen oder sich erst gar nicht darauf einlassen. So kann ein Spannungsgefühl entstehen.

Eine ernsthafte Überprüfung von Sinnhaftigkeit und eine daraus resultierende Veränderung der sozialen Strukturen, können nur bei Akzeptanz eines Spannungsfeldes zustande kommen.

„Die Weltspannung leben ist die hohe Probe unseres Seins." (Buber in Muth 2011, S.65)

Menschen, die eine eigene lebenspraktische Verantwortung übernehmen, müssen die beiden Pole der (An-)Erkennung (gegebener Strukturen) und des Handelns (Strukturen verändern) leben. Welt bildet sich genau zwischen diesen beiden Polaritäten. Nur wenn beide Wölfe, gefüttert werden können beide existieren (1.). Die Erkenntnis ist die Entscheidungskraft, die Spannung durch den Körper des ganzen Menschen erfahren lässt. Es soll um die Selbsterkenntnis der Eingebundenheit in sozialen Strukturen gehen, die sich durch die eigene Lebenspraxis für das Selbst verfassen lässt (vgl. Muth 2011, S. 64f.). Die Polaritäten könnten auch als zwischen *Verbundenheitstrieb* und *Urhebertrieb* auftretend beschrieben werden.

Menschen die durch das Festhalten an Strukturen zwar ihre Wahrheit bequem leben, können bei Konzentration auf den Gegenstand nicht in die Beziehung treten.

Sie können Veränderungen von Strukturen gar nicht wahrnehmen, da sie ohne in der Beziehung zu stehen, nicht zuhören können (1.3). So ist es meines Erachtens kein Wunder, dass ihr Verlangen nach Sicherheit größer und das Festhalten der gewohnten Strukturen zwanghaft wird. Sie verzichten auf das Spannungsgefühl, stagnieren und erleben - oft unbewusst - einen Verlust an Lebendigkeit. Das können Gründe dafür sein, warum die Wichtigkeit von Gegenstand und Struktur ansteigt und für die Menschen, die keine Beziehungen leben, der Gegenstand der einzig übriggebliebene Strohhalm ist, an dem sie sich festhalten, denn sie leben Vergegnungen, nicht jedoch *Begegnungen*.

> „Wer die Erfahrung an der Grenze macht, verliert seine Sicherheit. Wer die Erfahrung der Existenz anderer Wirklichkeiten macht, kehrt als ein anderer zurück." (Peter 2010, S.162)

5.4 Wie viel Schutz lässt Beziehung zu?

> „Wer seine Flügel des Selbst gegenüber Anderen begrenzt, begibt sich in einen Schutzraum." (Leismann 2010, S.94)

Grenzbildungen dienen als Schutz des Menschens. Übermäßige Grenzbildung kann dadurch zustande gekommen sein, wenn Menschen das Gefühl von Kontrollverlusten und Schmerz im Kontaktgeschehen erfahren haben (vgl. Nauerth 2010, S.145). Menschen mit solchen Erfahrungen weisen ein erhöhtes Bedürfnis nach Grenzbildung (Schutz) auf. Wenn diesem Bedürfnis nachgegangen wird, gehen Menschen immer mehr in die Distanz (5.3). Wenn der Mensch nur in diesem Schutz lebt, dann verliert der Mensch den Kontakt zum Gegenüber (vgl. Juul 2011, S.27). Innerliche Schutzmaßnahmen helfen Menschen in Grenzsituationen, sich zu schützen. Auch wenn ihre Intention ihnen sagt, zu flüchten, weil sie eine deutliche Angst vor Verletzung spüren, kann durch die Überbrückung mithilfe der Schutzmaßnahme der Mensch in dieser Grenzsituation körperlich anwesend bleiben. Dieses Überbrücken jedoch kostet den Menschen viel geistige Kraft, denn er muss sein Wesen in Distanz zum Körper bringen. Das Gegenüber könnte wahrnehmen, dass der Mensch anwesend ist, doch in solch einer Situation könnte es nicht zu einem *Ich-Du* Moment kommen (siehe Bubers biographische Geschichte 3.5).

Blankertz (vgl. 2005, S. 142) spricht von Deflektion. Das bedeutet, dass Menschen Gefühlen ausweichen, indem sie sich zurückziehen. Dies kann in Form von Gleichgültigkeit gezeigt werden. Deflektion kann neue Erfahrungen in Beziehungen nicht ermöglichen. Wenn Grenzen überschritten werden, kann dies bei Menschen u.a. zu verkrampftem Lächeln und oder zu einem starren Blick führen. Bei Zurücktreten von jenen Grenzen, kann es auch zur Rückbiegung solcher Reaktionen und Gefühle kommen, und ein angenehmes Gefühl verbreitet sich (vgl. Fuhr/Gremmler-Fuhr 1995, S.88f).

> „Werden Grenzen wiederholt überschritten, löst dieses starke Emotionen aus, welche ihrerseits aggressive oder auch gewalttätige Taten zur Folge haben können." (Peter 2010, S.172)

Aggressionen können bei wiederholter Unterdrückung von Bedürfnissen entstehen. Nicht nur mein Gegenüber, sondern auch das Ich kann dazu beitragen, dass die eigenen Grenzen überschritten werden und es so zu Selbstverletzungen führen kann. Dieses kann von demjenigen sogar als bewusster Vorgang wahrgenommenen werden, denn es gibt Menschen, die ihre Bedürfnisse wahrnehmen, sie aber z.B. aufgrund von Normen und Höflichkeit nicht durchsetzen können bzw. durchsetzen wollen. Sie beschließen ihre Bedürfnisse zu unterdrücken und diese auszuhalten. Wie lange Menschen an der Zurückstellung festhalten können, hängt mit dem Aushalten des eigenen Leidensdruckes zusammen. In diesem Fall ist die Wahrscheinlichkeit groß, dass die aufgestauten Aggression gegen sich selbst gerichtet werden (ebd. 170). Das Leben wird beschädigt, wenn der Aggression keine konstruktive Kraft verliehen wird, um sich von der unaushaltbaren Situation zu lösen (vgl. Goodman nach Muth 2010a, S.14).
So sehe ich meine pädagogische Aufgabe darin, Situationen und Räume zu schaffen, in denen ich TeilnehmerInnen die Möglichkeit biete, ihre Grenzen zu spüren. Durch Wahrnehmung und Überprüfung der eigenen Grenzen, können sie mit Unterstützung eigene Antriebskraft entwickeln, um zur Überwindung von Grenzen zu kommen, ohne sich schutzlos und handlungsunfähig fühlen zu müssen. Wie diese Aufgabe erfüllt werden kann, werde ich mit Hilfe anhand eines Ausblicks beschreiben.

6. Pädagogisches Handeln braucht Verantwortung

> „Die Fähigkeit der Kinder, sich den Bedingungen ihres Aufenthaltes anzupassen, ist nahezu unbegrenzt. Was verletzlich ist, ist ihre Liebe zu sich selbst.“ (Juul 2011, S.90)

Im Rahmen dieser Arbeit schließe ich nun die Beschreibungen, wie Grenzbildungen bei Menschen zustande kommen und wie sich Verletzungen im Handeln ausdrücken, mehr oder weniger ab. Diese nehme ich jetzt als Grundlage dafür, präziser auf die Rolle der PädagogIn und ihre Haltung, sowie auf ihre Verantwortungsübernahme einzugehen. Hierbei geht es natürlich weiterhin darum, was wesentlich für das Bewusstsein ist, damit Beziehungsarbeit bei den TeilnehmerInnen wirkt. Wann sind Grenzbildungen für Beziehungen in pädagogischen Feldern wichtig und wie Grenzen von TeilnehmerInnen gewahrt werden können. Die Beleuchtung dieser Aspekte wird ein Baustein dafür sein, um Antwort zu meinen Fragestellungen zu finden: Wie können pädagogische Räume aussehen, um Menschen bei ihrer Identitätssuche zu unterstützen? Wie kann Grenzbildung und -abbau in solch einem Rahmen stattfinden?

Damit dialogorientiertes Handeln wirkungsvoll geschehen kann und sich angemessen der Situation verhalten werden kann, müssen PädagogInnen bereit sein, Gefühle von Scham, Liebe und Hass zuzulassen. Diese Gefühle können durch das Verhalten sowie das bloße Sein des Gegenübers in Beziehung ausgelöst werden. Werden solche Gefühle nicht ernst genommen, kann es zu Reaktionen im pädagogischen Handeln kommen, die schwere Auswirkungen auf die TeilnehmerInnen oder auch auf die PädagogInnen haben können. In diesem Kapitel geht es um Grenzverschiebungen, einen ehrlichen und verantwortlichen Umgang mit den TeilnehmerInnen, der sich durch „radikalen Respekt“ äußert. Es geht darum, sich der Verantwortung bewusst zu werden, zu handeln und Entscheidungen zu treffen. Dies kann mit Hilfe von Distanzierungsakten erreicht werden.

6.1 Die *Anderheit* braucht einen radikalen Respekt

Zur Erinnerung: Buber geht davon aus, dass der Mensch nur im *echten Gespräch Werden* kann und dass dies die Grundlage für seine *Wesenslehre* darstellt. Ebenso beschreibt er, dass ein *echtes Gespräch* nur gelingen kann, wenn Macht keinen Raum findet. Die *Begegnungen* der Menschen müssen auf einer gleichen Ebene passieren, die eine Offenheit und eine Wechselseitigkeit verlangen (2.1).

All diese Aspekte können nur erfüllt werden, wenn es zur Akzeptanz der Einzigartigkeit jeder Person kommt. Letztendlich kann nur das ehrliche „Ja" zum *Du* dafür sorgen, dass ein authentisches Eintreten in die Beziehung überhaupt erst möglich ist. Es braucht den Respekt und die Akzeptanz meiner *Anderheit*[11] (vgl. Werner 1994, S.49f.). Buber meint mit *Anderheit* echte Fremdheit, jeder Mensch ist etwas Einzigartiges (3.1). Dadurch dass kein Mensch gleich ist, gibt es unüberwindbare Grenzen zwischen *Ich* und *Du* (vgl. Peter 2010, S. 161). Sie können sich an ihren Grenzen nur berühren und in den Kontakt gehen.

> „Das echte Gespräch, und so jede aktuelle Erfüllung der Beziehung zwischen Menschen, be#deutet Akzeptation der Anderheit 'und zwar so' daß jeder den anderen in seinem So-beschaffensein rückhaltlos annimmt und bestätigt." (Buber mit einem Zitat von Werner 1994, S.49)

Da an einem *echten Gespräch* beide Wesen beteiligt sind, darf nicht außer Acht gelassen werden, dass jeder Mensch eine *Anderheit* ist. So bin ich selbst eine *Anderheit* und brauche Respekt und Akzeptanz.

Muth (vgl. 1998a, S.3) berichtet von einem Workshop, in dem sie als zentrale pädagogische Haltung den gegenseitigen „radikalen Respekt vor der *Andersheit"* zu vermitteln versucht. Hierfür bedarf es der Offenheit gegenüber relativen Wahrheiten und Sinnhaftigkeiten. Für diese Offenheit verwendet Buber den Begriff *Unmittelbarkeit*, mit dem bezeichnet wird, dass Menschen in den *„Ich-Du* Beziehungen" offen sein und sich frei von Vorurteilen und Verurteilung machen müssen (vgl. Werner 1994, S.62). Hierbei lehnt Buber allerdings ab, dass zu allem „Ja und Amen" gesagt werden soll. Radikaler Respekt bedeutet nicht einen Verzicht auf der Suche nach Wahrheiten. Das würde mit einer Gleichgültigkeit verglichen werden. Keiner soll seine eigene Substanz und Sinnhaftigkeit verlassen, um eine *„Bestätigung der Anderheit"* zu beweisen. Es geht darum, **gegenseitiges Zuhören,** sich mit der Ander(s)heit auseinander zu setzen. Es geht darum, eine Balance dazwischen zu finden, sich einerseits von anderen Wirklichkeiten überzeugen zu lassen, und andererseits seine eigene nicht gleich abzuerkennen, sondern sie auch zu vertreten (ebd. S. 51ff.).

So finde ich, dass hier eine Grenze offenbar wird, die von keinem Menschen (auch nicht von Lehrenden z.B. durch Macht) überschritten werden sollte. Jeder Mensch

[11] *Anderheit* ist ein von Buber kreiertes Wort, das ich auch im Original belassen möchte. Viele Autoren ändern es um, indem sie „Andersheit" schreiben.

sollte ein Anrecht auf die Entscheidung über seine persönliche relative Wahrheit haben. Dabei ist es wichtig, anderen Menschen den radikalen Respekt ihren jeweiligen Weltverbundenheiten entgegen zu bringen. Dementsprechend bedeutet dies, das Aushalten und Akzeptieren „persönlicher Differenzen".

> „Dies erforderte das Einhalten von Paradoxien und das Aushalten von Dualismen und Polaritäten."(Muth 1998a,S.3)

In der Beziehung mit dem ganzen Wesen zu stehen ist nur möglich, wenn sich die Menschen in der jeweiligen Beziehung dafür frei entscheiden. So schließt dieses ein, das Dialogik zu leben nur begrenzt möglich ist. Da gegenseitiges Innewerden nur passieren kann, wenn das eigene Ich gelebt wird, wird schnell klar, dass durch die eigene Lebenspraxis Grenzen des dialogischen Handelns vorhanden sind. Es ist personenhaft begrenzt. Diese Grenze ist nicht als eine statische zu verstehen, sondern als eine, die durch „innerliche und äußerliche leib-sinnliche Erfahrungsgrenzen aufgeführt werden kann" (vgl. Muth 2011, S.66ff.). Jedes Ich und somit auch jede Dialogfähigkeit hat ihre eigene Kapazität von transkulturellen Grenzkontakten (vgl. Muth 2011, S.191). Gerade im Respekt steckt die tiefe Annahme, die eine Ich-Du Begegnung so heilsam werden lässt.

> „Ich stelle mich auf eine Ebene mit dir. Ich interessiere mich wirklich für dich." (Schopp 2010, S.75)

6.2 Den Schein zu wahren ist verantwortungslos

> „Andersheiten lösen bei mir Affekte aus, die sowohl fremd als auch vertraut sind. Das Fühlen dieser Affekte ist existentiell. Ohne diese würden wir die Andersheit nicht wahrnehmen. Entscheidend in Hinblick auf destruktive Aggression und Vertrauen ist meine Haltung, wenn ich die Andersheit, die ich in mir beschämend-verachtend erlebe, aus meinem Gewahrsein ausschließe." (Muth 2010b, S.132)

PädagogInnen erfahren aufgrund ihrer Menschlichkeit, dass das Aushalten der *Anderheit* nicht nur Gefühle mit sich bringt, sondern dass es auch zu Konsequenzen führen kann. So kann eine *Anderheit* die Grenzen der persönlichen Lebenspraxis erreichen, die das Aushalten der *Anderheit* unmöglich erscheinen lässt.

Menschen, die Beziehungsarbeit leisten möchten, kommen meines Erachtens nicht darum herum, sich diesem Thema zu stellen, auch wenn dieses mit Gefühlen von Scham und Schuld besetzt sein kann. PädagogInnen sind in der Situation, verantwortungsvoll Entscheidungen für sich selbst und ihre Mitmenschen zu treffen (4.1). In diesem Fall geht es darum, grundlegende Entscheidungen zu treffen, die

die Basis für die Beziehung sind. Bin ich in der Lage die *Anderheit* in ihrer Weltverbundenheit zu akzeptieren, um in den Kontakt treten zu können? Wenn das Wesen der PädagogInnen nicht „Ja“ zu dem Gegenüber sagen kann, dann bedarf es ein Wissen darüber, warum die Akzeptanz der *Anderheit* nicht möglich ist. Ich spreche hier aber nicht von einer willkürlichen Entscheidung. So sollen PädagogInnen sich nicht explizit TeilnehmerInnen heraussuchen, deren *Anderheit* sie akzeptieren „wollen“ bzw. mit welcher sie dialog-pädagogisch arbeiten möchten. Es geht vielmehr darum, sich selbst gewahr zu werden, in welchen Bereichen und mit welchen Personen professionelle Beziehungsarbeit geleistet werden kann. Meines Erachtens muss unterschieden werden, ob eine Herausforderung oder eine Überforderung der PädagogIn besteht.

So weiß ich selbst von mir, dass es mich zum Beispiel zur Überforderung bringen würde, wenn ich mit „Sexualstraftätern“ Beziehungsarbeit leisten müsste. Aber auch in den Bereichen, in denen ich mir grundsätzlich vorstellen kann pädagogisch wirken zu können, kommt es vor, dass das Aushalten von *Anderheiten* mich an meine persönlichen Grenzen bringt. Es passiert sogar, dass ein Gefühl der Unmöglichkeit hervorkommt, mit solch einer *Anderheit* in Beziehung treten zu können. Die Grenze der Akzeptanz wird immer von der eigenen Biographie mitbestimmt.

> „Die Grenze für das Unüberwindbare wird durch uns selbst gesetzt.“ (Peter 2010, S.168)

Jeder Mensch kommt in Situationen, in denen er zu Verletzung beiträgt (ebd. S. 172). Deswegen frage ich mich, was schlimmer ist: die scheinheilige Akzeptanz von PädagogInnen gegenüber ihren TeilnehmerInnen zu wahren oder bei der Erkenntnis, dass eine nicht überwindbare Grenze besteht, konsequent zu handeln. Das bedeutet, dass TeilnehmerInnen bei der Nichtakzeptanz ihrer Persönlichkeit, eine andere BeziehungsarbeiterIn benötigt, die ihr persönliches Wesen akzeptiert. Denn was passiert, wenn TeilnehmerInnen keine Akzeptanz ihrer Persönlichkeit von PädagogInnen bekommen, wenn aber so getan wird als ob?

Sobald wir eine Norm der Akzeptanz über den Austausch zwischen Personen stellen, können wir nicht dialogisch sein, geschweige denn authentisch handeln (vgl. Fuhr/Gremmler-Fuhr 1995, S. 108f.).

> „Denn die Qualifikation der Beziehung als ´dialogisch´ ist ja nicht wertfrei, da der Respekt vor der Andersartigkeit des anderen das akzeptierende Hineinversetzen in die Realität des anderen zu seinen Bedingungen zählt.“ (ebd.)

Wenn es zu einem „du sollst akzeptierend - empathisch sein“ kommt und dieser Anspruch für PädagogInnen in bestimmten Beziehungsverhältnissen nicht möglich ist, kann diese Erkenntnis verdrängt werden und das Nichterfüllen der Akzeptanz ignoriert werden. Dieses Nichterfüllen würde zu einem Scheinverhalten führen, so dass es zu Unklarheiten in Beziehungen zwischen Menschen kommen kann. Die Unklarheiten auf der Beziehungsebene sind Auslöser dafür, dass auf diese Weise jegliche Orientierung für zwischenmenschliches Verhalten und das Verständnis inhaltlicher Botschaften verloren gehen kann (ebd.).

> „Offensichtlich werden selbst Kinder mit der offenen Ablehnung ihrer Eltern viel besser fertig als mit einer vorgetäuschten Sympathie oder einer verleugneten Antipathie.“ (May in Fuhr/Gremmler-Fuhr 1995, S.109)

Es soll hier aber nicht als eine Erlaubnis von Abwertungen verstanden werden. Im Gegenteil: PädagogInnen sind verpflichtet eine angemessene Form von Äußerung von Kritik und Bewertung zu erlernen. Diese offensichtliche Ablehnung führe ich auf, damit verstanden werden kann, dass PädagogInnen, die ihren Schein „ich behandle alle gleich“ gegenüber TeilnehmerInnen leben, es für die TeilnehmerInnen drastische Auswirkungen haben kann.

Egal ob Menschen eine aggressive Energie aufbringen, um *Anderheiten* offensichtlich zurückzuweisen oder ob ein deflektives Verhalten dafür sorgt, dass eine Beziehung nur im Schein existiert, können beide Verhaltensweisen auf das Gegenüber und ihre eigene Existenz wirken. Bei beiden Verhaltensweisen kommt es zur Verletzung der Würde: der Betroffene wird beschämt (ebd.).

Ehrlichkeit ist in Beziehung unvermeidbar, dazu gehört auch, dass Kritiken geäußert werden können. PädagogInnen können nur mit den TeilnehmerInnen dialogisch arbeiten, deren Wirklichkeiten respektiert werden, selbst dann, wenn *Anderheiten* Konsequenzen, die sich daraus ergeben haben, ablehnen. Die Schwierigkeit besteht darin, die Ambivalenz auszuhalten (ebd.).

Ich bin der Überzeugung, dass wenn Menschen nicht ehrlich zu sich selbst sind, wenn es zu keiner wirklichen Akzeptanz der *Anderheit* kommen kann, dass das nicht Anerkennen oder die Konsequenz die aus dieser Erkenntnis zu handeln folgt, als verantwortungslos bezeichnet werden kann. Denn wenn sie nicht in der Lage sind, den Menschen in seiner Weltverbundenheit zu akzeptieren, dann nehmen sie durch den Schein, Menschen die Möglichkeit, Beziehungen zu leben und an ihnen zu *Werden*.

6.3 Die Geschichte der Wölfe; Buber lädt zum Spannungsgefühl ein

> „Diese Verschiedenheit anzuerkennen, ist angewiesen auf die Liebe zur Welt, die sich in der Verantwortlichkeit für die von verschiedenen Menschen bewohnte Welt zeigt, einer Welt, die den verschiedenen Menschen Heimat geben soll." (Arendt in Thümer-Rohr 2003, S.125)

Buber verlangt gegenüber den Menschen kein deflektives Verhalten, in denen Liebe als Maxime stehen soll und eine generelle Beachtung von Scham erwartet wird. Wenn Liebe zwischen Menschen erreicht werden soll, kann es kein Weg sein, Liebe durch Regeln oder durch Unterdrückung von Gefühlen zu erreichen. Dieses einseitige Verhalten führt einzig und allein zur Leblosigkeit und nicht zu Liebe in der Beziehung. Buber fragt:

> „Kannst du mit deinem Leben für diese Forderung einstehen?" (Buber nach Peter 2010 S.172)

Der liebe Wolf würde vom bösen Wolf gefressen werden (1.). Das Leben findet zwischen Liebe und Hass statt und PädagogInnen können nur authentisch handeln, wenn Menschen sich weder auf eine Seite von Hass oder Liebe schlagen lassen, sondern beides im Leben auch zulassen können. Es muss sich von der Annahme gelöst werden, dass Menschen gut (Liebe) oder schlecht (Gewalt) sind (ebd.). Beide Wölfe werden sich nichts tun, wenn sie gesättigt sind.

Wer dialogorientiert handeln möchte, muss die *Zwiefältigkeit* der Haltung des Menschen zur Welt akzeptieren. Buber beschreibt (vgl. in Muth 2011, S.64), dass das Aushalten der Polarität, die der Mensch in sich selbst erlebt, durch Bindung möglich ist. Nur einen Pol zu leben ist nicht möglich; Menschen können nur Liebe schenken, wenn auch Hass Raum finden darf. Buber begründet dieses in:

> „Du redest von der Liebe, als wäre sie die einzige Beziehung zwischen Menschen; aber darfst du sie auch nur als das Beispiel gerechterweise wählen, da es doch den Haß gibt? – Solange die Liebe >blind< ist, das heißt: solang sie nicht ein ganzes Wesen sieht, steht sie noch nicht wahrhaft unter dem Grundwort der Beziehung. Der Haß bleibt seiner Natur nach blind; nur einen Teil eines Wesens kann man hassen. Wer ein ganzes Wesen sieht und es ablehnen muß, ist nicht mehr im Reich des Hasses, sondern in dem der menschhaften Einschränkung des Dusagen könnens. Daß dem Menschen widerfährt, zu seinem menschlichen Gegenüber das Grundwort, das stets eine Bejahung des angesprochenen Wesens einschließt, nicht sprechen zu können, entweder den andern oder sich selbst ablehnen zu müssen: das ist die Schranke, an der das In-Beziehung-treten seine Relation erkennt und die erst mit dieser aufgehoben wird. Doch der unmittelbare Hassende ist der Beziehung näher als der Lieb- und Hasslose" (Buber 1983, 16f.).

Meine Erfahrungen sind, dass gerade in Beziehungsräumen die Anerkennung von Hass schwer bis unmöglich ist. Wenn PädagogInnen eine innerliche Wesensanschauung durchführen, kann diese Anschauung ein Schuld-/Schamgefühl hervorrufen. Meine Behauptung kann mit der Beschreibung vom Schamgefühl unterstützt werden.

Nach Fuhr (vgl. Muth 2010b, S. 127) ist Scham ein Gefühl, dass aus dem Inneren des Menschen entsteht. Der Grund dafür ist, dass sich der Mensch dann selbst als mangelhaft erlebt. Scham kann entstehen, dass Regeln gebrochen worden sind. Wenn also PädagogInnen sich die Regel auflegen, immer tolerant sein zu müssen und alle Menschen gleich zu lieben, kann es dazu kommen, dass sie sich selbst als mangelhaft erleben. Dies kann sich als starke Selbstabwertung manifestieren.

> „Das Leben ist einfach nicht kooperativ und man muss bereit sein, die gelegentlichen Konfrontationen mit explosiven Möglichkeiten zu akzeptieren. Jeder richtet sein Leben teilweise nach seiner Bereitschaft und seiner Fähigkeit ein, mit diesen Explosionen umzugehen. Das Verhältnis zwischen Unbesorgtheit und Vorsicht wird sehr häufig ein Hauptfaktor bei der Bestimmung des eigenen Lebensstils sein." (E. u. M. Polster 1992, S.192)

PädagogInnen müssen sich - wie auch alle anderen Menschen - eingestehen, dass Toleranz keine Fähigkeit ist, die gekauft werden kann. Tolerant zu sein, ist personenhaft abhängig und wird durch Affekte, die durch Situationen und *Anderheiten* ausgelöst werden, bestimmt. Eine tolerante Haltung zu entwickeln braucht einerseits Zeit und anderseits drückt sie durch ihre Diskontinuität einen lebenslangen Prozess aus. Immer wieder geht es um das Aushalten, welches Geduld abverlangt, aber auch um das nicht Akzeptierende, welches sich in der Ungeduld ausdrücken lässt (vgl. Muth 1998b, S.86).

> „Toleranz bedeutet auch, Grenzen gegenüber bestimmten Werten zu zeigen und nicht gleichgültiges oder einfältiges Verhalten." (ebd.)

6.4 Der Distanzierungsakt ist eine Möglichkeit

PädagogInnen sind angehalten, Räume zu schaffen, in denen TeilnehmerInnen Veränderungen wagen können und wachsen dürfen. Unter achtsamem Handeln verstehe ich, dass die TeilnehmerInnen keinen Eingriff erfahren, der ihre Identitätsfindung hemmt (3.5). Die Einsicht zu haben, dass das immer unvollkommen gelingen wird, stellt eine lebenslange Herausforderung an unsere

Einstellungen, uns selbst und anderen gegenüber dar, sowie unser Bemühen, Beziehungen immer wieder zu klären (vgl. Fuhr/Gremmler-Fuhr 1995, S.110).

> „Will der Mensch mit seinem wahrhaftigen Sein auf die Welt wirken, gilt es, Hindernisse anzuerkennen und diese als Zeichen von Willkür, Schicksal oder Freiheitsräumen bewusst in Entscheidungsprozesse einfließen zu lassen.“ (Muth/Nauerth 2008, S.21)

Damit PädagogInnen ihre eigene Begrenztheit in Offenheit umwandeln können und um zu lernen, die *Anderheiten* in ihrer Weltverbundenheit anzunehmen, kann das *Ich-Es* als Distanzierung helfen. Dieses ist aber nur eine Möglichkeit von Vielen, gerade für Menschen wie mich, die dem Verstehen eine hohe Bedeutung schenken. Ich möchte auf die Gefahr hinweisen, dass wenn PädagogInnen dem *Ich-Es* zu viel Raum schenken, und dadurch ihrer analytischen Haltung keine wirkliche Beziehungsarbeit mehr leisten können.

Der Distanzierungsakt ist eine Handlungsmöglichkeit, die emotionale Ebene zu verlassen (vgl. Nauerth 2010, S.146). Sie kann zum Verstehen der *Anderheit* und der jeweiligen Weltverbundenheit beitragen. So braucht es Distanz, um den anderen Menschen in seiner Einzigartigkeit wahrnehmen zu können, welches durch das innere Zurücktreten des *Eigenwesens* erreicht werden kann. Dadurch, dass ich durch Distanz, eine eigene Wesensanschauung durchführe, kann ich klären, warum ich der *Anderheit* keinen Respekt und Akzeptanz schenken kann. Das kann z.B. mit meiner Lebensgeschichte zu tun haben. So kann ich die *Anderheit* als ein von mir losgelöstes Objekt betrachten. Die Bestätigung für den radikalen Respekt der *Anderheit,* drückt sich im gegenseitigen *Du* sagen aus (vgl. Muth/Nauerth 2008, S.22).

Ein Distanzakt ist kein automatischer Vorgang der zur Beziehungswelt hinführt (ebd.). Die Einsamkeit ist ein sehr wichtiges Phänomen, nicht nur um meine *Anderheit* losgelöst von meinen Gefühlen zu verstehen und zu akzeptieren, sondern aus der Einsamkeit entsteht eine besondere Kraft. Diese besondere Kraft hat für Buber mit der eingeborenen Sehnsucht nach Beziehungen zu tun. Auch hier geht es wieder um das duale Verhältnis, sowohl den Distanzakt als auch die Beziehungen zu leben (vgl. Werner 1994, S.33).

> „Der Mensch kann erst in eine von konkreten Personen abhängige Beziehung treten, wenn er das '*Einsam-Werden als Ort der Verantwortung*' in Form von universalen Distanzierungsakten anerkennt. Das daraus resultierende Bestätigen der personenhaften Andersheit bezeichnet Buber (1962, S.278) als den '*Raum der Vergegenwärtigung*'. In diesem 'Zwischen-Raum' wird der Mensch mit seinem Mitmenschen zu dem Menschen, der er/sie werden kann.“ (Buber nach Muth/Nauerth 2008, S.23)

Einsam-Werden als Ort der Verantwortung bezeichnet Buber als *Urdistanz*. Die *Urdistanz* ist einseitig fundamental und gleichmäßig, hingegen die Beziehung ungleichmäßig und abhängig von der *Vergegenwärtigung* ist. Wann der Zeitpunkt eintritt, wenn die Menschen von der Einsamkeit in die Beziehung eintreten, ist nicht eindeutig identifizierbar (vgl. Muth 2011, S.79)

Für das dialogische Handeln darf der Distanzierungsvorgang nur eine Möglichkeit von Vielen sein, um Beziehungsarbeit zu leiten. Denn schließlich wird das *dialogische Prinzip* von der Wechselseitigkeit geprägt, in denen gerade die *Begegnungen* die Bewegungen und damit das Wachstum beim Menschen ausmachen.

7. Das Vertrauen der Dialogik in das eigene Handeln

7.1 Entscheidungslosigkeit verfehlt Grenzziehung

> „Falsche Entscheidungen beeinflussen die Wahrheitsfindung. Dazu gehört auch Entscheidungslosigkeit. Wahrheit wird verfehlt, indem der Mensch sich selbst ausweicht, sich selbst umgeht und sich selbst verstellt." (Muth 2011, S.57)

In der Auseinandersetzung mit der Dialogik und dem Niederschreiben dieser Arbeit kristallisierte sich für mich immer mehr heraus, dass das Wesen und das Handeln der PädagogInnen entscheidend für das Wirken auf das Gegenüber ist (3.3). Indem sich TeilnehmerInnen mir anvertrauen und in meiner Wesenslehre *Werden,* erteilen sie mir Macht und es unterliegt meiner Verantwortung mit dieser einen richtigen Umgang zu finden (vgl. Schopp 2010, S. 161). Auch wenn in der *Ich-Du* Beziehung von einer Wechselseitigkeit gesprochen wird, darf nicht vergessen werden, dass das Treffen von Entscheidungen seitens der PädagogInnen in Bezug auf die Auswahl der Umwelt ihre TeilnehmerInnen direkt betreffen. So müssen sich PädagogInnen gewahr werden, dass sie einen erheblichen „Macht"-anteil haben, wie sie die TeilnehmerInnen lenken und eine Wirkung auf deren Entscheidungen haben.

Dieses Vertrauen gibt mir auf der einen Seite ein positives Gefühl, die Menschen bei ihrem *Werden* begleiten zu können und so die Möglichkeit zu haben, zum Wachstum und zur Veränderung beizutragen. Andererseits beklemmt mich dieses Machtgefühl, denn ich möchte TeilnehmerInnen nicht durch z.B. falsche *Realphantasien* verletzten oder ihre Lebensrichtung gar manipulieren. Das beklemmende Gefühl gegenüber diesem Machtempfinden führt bei mir zur Entscheidungslosigkeit. Gerade wegen des in Kapitel 4 behandelten Themas (Bewusstseinserweiterung), habe ich einen hohen Respekt davor, dass ich aufgrund meiner unbewussten Motive falsche Entscheidungen treffen könnte (4.4).

Die Gestaltung der Beziehungen und Kontaktgrenzen liegen im erheblichen Teil allein in der Verantwortung der PädagogInnen. Das sind Gründe, warum kontinuierliche Selbsterforschung der ExpertInnen beim professionellen Arbeiten eine unverzichtbare Bedingung für das Gelingen solcher Arbeit ist (vgl. Fuhr/Gremmler-Fuhr 1995, S.90f.).

Die Dialogphilosophie will keine Entscheidungen an pädagogisch arbeitenden Institutionen abgeben. Entscheidungen werden aus der jeweiligen Einsamkeit

getroffen und dieses steht im Zusammenhang mit der Verantwortung gegenüber dem jeweiligen Leben (vgl. Muth 2011, S.97). Das ist einer der Punkte, warum ich eine Verfechterin der Dialogik bin. Paradoxerweise stellt es zugleich auch meinen größten Stolperstein dar.
Bubers Erkenntnis nimmt mir meinen inneren Druck in Bezug auf meinen hohen pädagogischen Anspruch, indem er sagt, dass sich niemand schadlos verhalten kann (vgl. Buber nach Peter 2010, S. 172).
Eine ProfessorIn von mir wies mich in ihrer Lehre darauf hin, dass ich Lernende und nicht Lehrende bin, und Fehler machen darf. Diese Aussage finde ich in Muth und Nauerth (vgl. 2008, S.31) wieder, die für AnfängerInnen, wie auch für ExpertInnen Handlungsräume fordern, in denen sie sich ausprobieren und üben können. Für mich bedeutet das aber auch, dass PädagogInnen offen gegenüber ihrem *Eigenwesen* und ihrer Unsicherheit sein müssen.

> „... der Gefahr und des Wagnisses, des ewigen Beginnens und des ewigen Werdens..." (Buber nach Muth 2011, S. 64)

Mit diesem Verständnis komme ich zu meiner inneren Erkenntnis: Meine innere Angst und Hemmung davor, Grenzen in Beziehungen zu ziehen, ist vielleicht sogar das schlimmere Verhalten, da es sich in Handlungsunfähigkeit ausdrücken kann. Dadurch würde ich mich dem wahrhaften Leben, in Spannungsverhältnissen in Beziehungen zu leben und Grenzen zu setzen, verweigern.
Somit würde ich mich auf eine Seite schlagen, vor der Buber warnt (6.3). Außerdem könnte ich meiner Sinnhaftigkeit der Beziehungsarbeit nicht nachkommen, denn die Dialogphilosophie setzt die *zwiefältige* Haltung voraus, um selbst *Werden* zu können und den Menschen beim *Werden* als *Du* da zu sein (2.3). Dieses *Werden* drückt sich in Form von eigener Verantwortungsübernahme gegenüber der Welt und die eigene Identitätsentwicklung aus (vgl. Muth 2011, S.96). Zudem ist es für mich von Bedeutung, die Wichtigkeit des *Ich-Du* Moments aufzuzeigen und so für ein *Wir* Gefühl zu sorgen, welches die Erreichung des Zieles „den radikalen Respekt vor der *Anderheit*" mit sich bringen würde.
Am Anfang meines Studiums fühlte ich mich in pädagogischen Handlungsfeldern sehr oft unsicher und einsam. Bei mir bauten sich diverse, schwer aushaltbare Gefühle gegenüber der Dialogphilosophie auf. Denn das Arbeiten ohne feste Anleitung und die Erkenntnis, dass es um das Handeln in der Situation geht,

brachten große Versagensängste mit sich. Diese Hilflosigkeit entwickelte sich in ein Gefühl von Wertschätzung, denn die Freiräume brachten Energie und Freude beim Arbeiten. Im Nachhinein verstehe ich dies als ein Resultat aus der erlebten und angewandten Dialogik einer meiner Professorinnen.
Im Folgenden möchte ich über eine Situation erzählen, welche die Auswirkung von pädagogischem Handeln symbolisieren soll und mich innerlich bis zum Ende meines Studiums begleitet hat.

7.2 Das entscheidende Handeln in einer erlebten Situation

Im Sommer 2012 begleitete ich eine 4. Klasse auf einer Klassenfahrt als Erlebnispädagogin. Innerhalb der drei Tage habe ich es mir zum Ziel gesetzt, den SchülerInnen das Einanderverstehen näher zu bringen. Vertrauen stand dabei im Mittelpunkt. Durch wirkliches Zuhören und ehrliches Antworten habe ich versucht, dieses Vertrauen zu gewinnen. Meine lebendige Persönlichkeit trug dazu bei, dass die Lehrerin der Klasse mich immer wieder genauestens unter die Lupe nahm.
Meine grundlegende Haltung ist, dass ich Kindern in solchem Rahmen ein bewusstes Vertrauen schenken möchte, und ihnen innerhalb dieses Rahmens Freiheiten gebe, sich auszuprobieren. Gleichzeitig lasse ich einen verantwortungsvollen Umgang mit sich selbst, der Umwelt und meinem Vertrauen entwickeln. Das erreiche ich, indem ich mich am Anfang als „wahres Subjekt" zeige und den Rahmen begrenze, in dem sie sich bewegen dürfen. Ein Beispiel zum Verständnis: Diese Tage finden im Wald statt und es kommt immer mal wieder vor, dass die Kinder eine Straße überqueren müssen. Ich lasse Kinder gerne frei herum laufen, teile ihnen dennoch mit, dass, wenn wir an eine Straße kommen, wir diese gemeinsam überqueren. Mit hohem Anliegen und Dringlichkeit, diese Regel zu verfolgen, weise ich sie auf mein Vertrauen und indirekt auch auf das konsequente Handeln hin, wenn sie diese Regel brechen würden. Ich habe sehr positive Erfahrungen mit dieser Haltung gemacht, welche besagt, dass wenn man Kindern Vertrauen schenkt, sie diese nicht einfach ausnutzen, sondern diese Freiräume gar zu schätzen wissen.
Meine Haltung wurde mehrfach von der Lehrerin kritisiert, indem sie äußerte: „Du kannst Kindern nicht einfach vertrauen, sondern Du bist verantwortlich dafür, dass ihnen nichts passiert!" In diesen drei Tagen führten diese Aussagen der LehrerIn sowohl bei mir als auch bei der Klasse zu unterschwelligen Spannungen. Denn es

gab Situationen in denen sie es nicht nur verbal anmerkte, sondern mein geschenktes Vertrauen einfach überging und den Rahmen in ihrem Ermessen begrenzte.

Nun komme ich zu der eigentlichen Situation, die sich am letzten Tag abspielte. Wir kochten Suppe im Wald. Da ich auch hier auf die Gefährlichkeit des Feuers hingewiesen hatte und ich von den Kindern das Gefühl bekam, dass sie es nachvollziehen konnten, ließ ich die Kinder mit der Situation des Feuers und der Suppe umgehen. Unter den Kindern geriet es zu einem Konflikt bei dieser Gestaltung, den ich bis heute nie wirklich erfahren habe. Aufgebracht kam ein Junge aus dieser Situation zu den Erwachsenen und wollte seine Not erklären. Die Lehrerin handelte aus ihrer Annahme heraus, indem sie ihn im Reden unterbrach. Als Begründung für ihr Handeln führte sie an, dass sie ihn kennen würde und wüsste, dass er „schuld“ an dem Konflikt sei, ohne überhaupt die Tatsachen zu kennen. Nach meiner Auffassung war seine angebliche Schuld nicht eindeutig erkennbar und ich spürte eine Verletzung in seinen Augen, wie auch, dass er das Bedürfnis hatte sich und die Situation zu erklären. Die Erfahrungen der drei Tage waren Auslöser dafür, dass ich mich in dieser Situation für mein Handeln entschied und für den Jungen eintrat. Ich widersprach der Lehrerin mit: „Ich möchte gerne hören, was du uns gerade erzählen wolltest.“ Daraufhin sagte der Junge das Entscheidende, welches mich in meiner Handlung zwar bestätigte, aber auch zur völligen Überforderung führte, da meine Entscheidung gleichzeitig zur Begrenzung der Lehrerin führte.

> Der Junge: „ Nicole, du bist die Erste die mir zuhört. (er atmete tief) Die Lehrer tun das nie, denn sie denken immer, dass ich es war und die Kinder in meiner Klasse benutzen das und schieben mir die Situation zu, aber ich war es gar nicht!“

Diese Situation wurde von mir nicht ausgewählt, weil sie ein richtiges oder falsches Handeln darstellt. Es geht mir vielmehr um die Veranschaulichung des Wirkens von Entscheidungen und um die tatsächliche Anerkennung von Macht. Wenn es um die Bewertung der Situation geht, habe ich sogar eher das Gefühl, dass meine Aggression, die sich in den Tagen aufgebaut hatte, in dieser Situation mit hineinspielte. Sie verlieh mir die nötige konstruktive Kraft um in die Situation einzutreten. Ich erkannte ziemlich schnell selbst, dass sie mir bei der Erklärung meiner Haltung ebenfalls nicht zugehört hatte, sondern meine Annahme meiner Lebendigkeit als unprofessionell bewertete. Diese Erkenntnis hätte ich z.B. viel früher in einem Gespräch mit ihr zum Thema machen können, doch das hätte auch

bedeutet, dass ich mich ihr gegenüber hätte öffnen müssen und es zur weiteren möglichen Verletzung meiner Person gekommen wäre.
Die berührende Beschreibung dieser Situation führe ich also auf, da es das Wirken von Entscheidungen treffen und den wirklichen Dialog bewegen kann, aber auch das Gegenteil eintreten kann. Dialogorientierte PädagogInnen werden sich nie davon frei machen können, dass ihr eigenes Subjekt Gefahr läuft, verletzt zu werden oder das Gegenüber zu verletzten, wenn sie sich für das situationsabhängige Handeln entscheiden. Die folgenden Aspekte der Dialogik von Buber halfen mir, friedlicher mit meiner Unvollkommenheit in der Beziehungsarbeit umzugehen und meinen Ehrgeiz beim Beziehungsarbeiten herunter zu schrauben.

7.3 Anerkennung von Relativitäten

„Kein Buch der Welt kann ein Lernen in Begegnung [...] ersetzen." (Huber 2010, S.20)

Es kann sehr frustrierend sein, wenn eine Vision, in einer Situation dialogisch Handeln zu wollen, misslingt. Ich weiß aus eigener Erfahrung, dass ein solches Gefühl hochkommen kann, besonders wenn ich mir vorher ganz fest vorgenommen habe, in der nächsten Situation dialogbereit zu sein und es letztendlich aus unterschiedlichsten Gründen nicht dazu gekommen ist. Auch wenn einem das dialogische Prinzip zusagt und die Sinnhaftigkeit in solch einem Handeln generell dem eigenen Geschmack entspricht, ist es nicht immer möglich dieses zu erfüllen. Sich selbst vorzunehmen, dass sich das eigene Ich gegenüber der *Anderheit* öffnen wird, ist zwar eine grundlegende Bereitschaft für den Dialog, doch es bedeutet noch lange nicht, dass dieses Vorhaben ausreicht, um den Dialog zu führen. So geht es immer wieder um das Aushalten von Frustration, und die eigene Involviertheit:

> „Die bewusste Akzeptanz des Ich führt zur Verantwortungsübernahme für die eigene Involviertheit an der transkulturellen Lebenspraxis, d.h für die persönliche Verstricktheit in pädagogischen Interaktionen." (Muth 2011, S.184).

Wenn davon gesprochen wird, dass PädagogInnen ihre eigene Subjektivität anerkennen müssen, dann taucht in diesem Zusammenhang ein relatives Wahrheitsverständnis auf. Sich darüber gewahr zu werden ist ein wesentlicher Baustein, um professionell pädagogisch handeln zu können. Dieses Sich-gewahrwerden findet nicht nur als Wort in meiner Arbeit Platz, sondern es ist eine Schlüsselkompetenz der dialogischen Haltung (1.3). Allein diese Schlüsselkompetenz erfährt ihre Grenzen. Um das zu Verstehen, bedarf es hier einer Begriffsklärung.

Blankertz und Doubrawa erklären (vgl. 2005, S.126f.), dass das Gewahrsein ein Teil des Figur/Grund-Prozesses ist. So ist es dem Menschen nicht möglich, sich all dessen gewahr zu werden, was ihn umgibt oder was er in der Erinnerung hat. Das bedeutet, dass immer eine Auswahl getroffen werden muss. Diese wird dadurch bestimmt, was für den Organismus selbst gerade wichtig ist (2.1). Die gestalttherapeutische Intervention strebt an, das Gewahrsein vom Bewusstsein zu unterscheiden und zu erhöhen. Wenn von sich gewahr werden *(awareness)* gesprochen wird, wendet sich der Mensch bewusst seiner Wahrnehmung zu, um zwischen dem unterscheiden zu können, was er wirklich wahrnimmt, und dem, von dem er bloß annimmt, es wahrzunehmen. Bei dem bloßen Annehmen spricht man von Projektionen[12]. Auch wenn diese Unterscheidung hilft, das Handeln besser an der Wirklichkeit zu orientieren, kann nur von der relativen Wirklichkeit gesprochen werden.

> „Kein Mensch besitzt absolute Wahrheit." (Muth 1998a, S.4)

Keine absolute Wahrheit zu haben, bedeutet aber nicht gleich, dass sich damit abgefunden werden sollte, dass die eigene Wirklichkeit als absolut anzusehen ist. Meines Erachtens würde so ein essentieller Grund für Beziehung wegfallen. Denn als PädagogIn sehe ich meine Aufgabe nicht darin, über Wahrheiten zu urteilen, sondern den Menschen den Raum zu geben, sich in Ich-Du Beziehungen gegenseitig ihre Wirklichkeiten aufzeigen zu können, um voneinander lernen zu können. Muth (vgl. 2011, S.73) führt auf, dass Buber es als Gefahr sieht, dass die TeilnehmerInnen die Welt die PädagogInnen bestätigen und nicht die zwischen ihnen gelebte Wirklichkeit.

Auch durch das *Bestätigungsbedürfnis* können Menschen sich gegenseitig näher zur Wahrheit bringen. Hierbei sollte die Wechselbeziehung zwischen „Potenzialität *(Möglichkeit)*" und „Aktualität *(Wirklichkeit)*" mit bedacht werden. Perls und Goodman sprechen deswegen von Wirklichkeiten statt von Wahrheiten (vgl. Blankertz/Doubrawa 2005, S.325).

---

[12] Mit „Projektionen" ist gemeint, dass Emotionen, Gedanken etc., die sich im Verlauf des Kontaktprozesses im abgegrenzten Organismus gebildet haben, in das Umweltfeld hinausgeworfen werden. Sie werden für wirklich gehalten (vgl. Fuhr/Gremmler-Fuhr 1995, S.123).

> „So macht die Stärkung von Wahrnehmung nur Sinn, wenn es eine Wirklichkeit außerhalb des Subjektes gibt, die wahrnehmbar, erfahrbar, erlebbar und auch mitteilbar ist.“ (ebd.)

Laut der Dialogphilosophie ist Wirklichkeit relativ zum wahrnhemenden Subjekt, hat aber andererseits eine verbindende historische Wirklichkeit hat. Diese historische Wirklichkeit führt dazu, dass jedes Ich wiederum gegenüber jeder Person Verantwortung entwickeln muss (vgl. Muth 1998, S.4). Jeder Mensch hat ein einzigartiges „Realverhältnis zur Wahrheit“ (vgl. Muth 2011, S.71).

Ein Konflikt zwischen der heutigen Ansicht von Lehre und dem Verständnis der Dialogpädagogik kommt zustande, denn die Lehre, muss ihre relative Wahrheiten anerkennen. (vgl. Werner 1994, S. 51). Pädagogisches Handeln bedeutet also, dass von Seiten der PädagogInnen abverlangt wird, zeitweise Entscheidungen treffen zu müssen, die aus dem eigenen begrenzenden Gewahrsein und somit aus der relativen Wirklichkeit heraus zu treffen sind.

Allerdings sind relative Wirklichkeiten nicht mit oberflächlichem Relativismus gleichzusetzen, denn das lehnt Buber ab. Ihm ist bewusst, dass es keine befriedigende Lösung des Problems gibt, solange kein Mensch Wahrheit besitzt. Buber geht es um die Akzeptanz, dass nur jeder Einzelne sich auf die Suche nach Wirklichkeit machen kann. Hierbei muss der Mensch seine Perspektiven auf das richten, was vor ihm liegt. Dieses kann ein Verhältnis zum Absoluten entstehen lassen. Jedoch ist nicht jede Richtung auf das Absolute zu beziehen. Dass Buber hier „eine riskante Gratwanderung zwischen Relativismus und Dogmatismus“ (Werner 1994, S.51ff) wagt, ist nicht zu bestreiten. Im dialogischen Verständnis wird von einem Verhältnis zur Wahrheit ausgegangen, dass jeder Mensch seine eigenen Entscheidungen treffen muss. Diese sind ein Resultat aus dem *Gewissensgrund* (ebd.).

> „Die Gewißheit, die durch dieses Gewissen erzeugt wird, ist freilich nur eine personhafte; es ist die ungewisse Gewißheit; aber was *hier* Person heißt, ist eben die angerufene und antwortende.“ (Buber; nach Werner 1994, S.52)

PädagoInnen tragen eine „personhafte Verantwortung“ (vgl. Muth, 2011, S.74). So kristallisiert sich immer mehr heraus, was die Übernahme von Verantwortung für das Treffen von Entscheidungen meint. Sie richtet sich immer auf die Wirklichkeit der Situation aus. Es ist eine echte Herausforderung Entscheidungen zu treffen und den Schein vom Sein zu unterscheiden.

Es geht hier um *Rückhaltlosigkeit*; um die Verantwortung, mich authentisch zu zeigen und wirklich zu meinen, was ich sage. Wenn Menschen aber aus unterschiedlichen Gründen nicht in der Lage sind, die eigenen Bedürfnisse und Erwartungen zu benennen oder das zu tun, was gesagt wurde, entstehen Konflikte. Buber sieht hier den Ursprung aller Konflikte zwischen den Menschen und dem eigenen Ich. Dieses kann nur durch „echte Gespräche“ und dem gegenseitigen *Innewerden* aufgeschlüsselt werden (Muth/Nauerth 2005, S.25).

7.4 Prinzipien ersetzen Regelwerke

Buber lehnt nicht nur ethische Maßstäbe im dialogischen Prinzip ab, sondern er nimmt einen großen Abstands zur Kants **Moralphilosophie.** Denn diese unterliegt einer Ethik, dass wenn es zu moralischen Streitfällen kommt Kants Imperativ dieses regeln wird durch systematische Leitfunktionen (vgl. Werner 1994, S.24f.). Sobald wir jedoch eine „dialogische Norm“ über den Austausch zwischen Personen stellen, können wir nicht dialogisch sein. Es kann sogar zwangsläufig zur Einschränkung der Wahlmöglichkeiten führen, die z.B. durch die Abwertung des (nicht-dialogischen) Verhaltens oft verbunden mit einer Abwertung der Person-bewirken kann. Das kann daran liegen, das sich Menschen teilweise mit ihrer dialogischen Kompetenz identifizieren oder das sie durch andere damit identifiziert werden (vgl. Fuhr/Gremmler-Fuhr 1995, S. 108f.)

> „Denn die Qualifikation der Beziehung als dialogisch ist ja nicht wertfrei, da der Respekt vor der Andersartigkeit des anderen das akzeptierende Hineinversetzen in die Realität des anderen zu seinen Bedingungen zählt.“ (ebd.)

Portele führt auf, dass wenn es zu solchen Dilemmata kommt, es z.B. in der Selbstorganisationtheorie die Möglichkeiten gibt, Vorschriften zu formulieren. Solche Proskripte benennen Begrenzungen, die auf jeden Fall zu beachten sind. Was passiert wenn Beziehungsarbeit eine Norm bekommt, in dem Sinne eine Norm bekommt, dass PädagogInnen nicht akzeptieren können, dass es auch bei ihnen zur Nichtakzeptanz des Gegenüber kommt, konnte in Kapitel 5.2 aufgezeigt werden (vgl. Fuhr/Gremmler-Fuhr 1995, S. 109).

Die Bildung und Anerkennung von Ich-Es Strukturen, sollen nicht als Regelwerk verstanden werden, sondern vielmehr als Prinzipien (vgl. Bohm 1996, S.73). Das Wort Prinzipien bringt hier allerdings auch Schwierigkeiten mit sich, denn Buber will auch keine Prinzipien haben.

> „Ich habe keine Prinzipien. Es gibt Dinge die wir tun müssen - hier und jetzt. Ich habe keine Prinzipien, nur einen Orientierungssinn und handle je nach der gegebenen Sachlage. … Ein Prinzip ist etwas, das dich zwingt, immer auf eine vorgeschriebene Weise zu handeln. … jede Situation muß von neuem betrachtet werden. … Halte deine Augen offen- daß ist alles, was ich dir zu sagen habe, denn ich dir kein Prinzip nennen.“ (Buber zit. n. Muth 2011, S.8)

Das Wort „Prinzipien“ zielt bei diesem Zitat mehr auf ein Regelwerk, auf eine starre Festlegung ab. Nicht wirklich auf solche Prinzipien die Bohm beschreibt. Er erklärt, dass die Begründung für Prinzipien auf der Notwendigkeit liegen würden, die aus dem erfahrenden Sinn gebildet worden sind (vgl. 1996, S.73) .

Dialogische Elemente können immer wieder durchs eine klare dialogische Haltung von der PädagogIn erlebt, benannt und dadurch gelernt werden, aber auch auf Sinnhaftigkeit hinterfragt werden.
Für jede dialogorientierte PädagogIn ist entscheidend, wie in Situationen gehandelt werden kann, wann Dialogik exemplarisch angewendet und wann es kritisch hinterfragt und verändert werden muss (vgl. Muth 2011, S.189).
Es macht keinen Sinn überredet oder überzeugt zu werden, denn der Sinn für dialogische Elemente kann nur eingesehen und erfahren werden.

> „Grenzen des Dialoges zeigen sich im Namenlosen, Nich-Sagbaren, Nicht-Diskutierbaren. Damit die Dinge ans Licht kommen und Geschichte in die Gegenwart geholt werden kann, müssen die einen sprechen können und die anderen hören wollen.“ (Thürmer-Rohr 2003, S.129)

Es geht um ein gemeinsames Bewusstsein, das wir den Dialog brauchen um einander wirklich zuzuhören und auf die anderen Meinungen achten zu können. Eine gemeinsame Sinnsetzung ist nur möglich, wenn es zum Austausch kommt. Da reicht es nicht aus, darüber zu nachzudenken. Denn das Gedachte, das „Ich- Es“ ist lediglich eine Abstraktion, es begrenzt und definiert. Auch wenn das Vergangene zusammengefasst wird, ist es nur eine bestimmte Menge (vgl. Bohm 2005, S.85f.).
Seine eigene Lebenspraxis zu finden bedeutet, dass jeder Mensch (ob PädagogIn oder TeilnehmerIn) aus der eigenen Lebensgeschichte eine eigene Handlungsrichtung finden muss. Dazu gehört auch, die eigenen innersten Wünsche zu entdecken (ebd.). Der Mensch muss meines Erachtens erkennen, dass Regeln keine Sicherheit und Richtigkeit für pädagogisches Handeln sein können, es würde eher wieder in die Richtung der idealisierten Bilder einer PädagogIn gehen. Kein Mensch kann sich für die Suche der Lebenspraxis vertreten lassen.

„Wisse, woher du kamst und wohin du gehst und vor wem du dich zu verantworten hast."
(Buber; zit. n. Muth 2011, S.53)

8. Das *echte Gespräch* in Beziehungen

> „Pädagoginnen im dialogischen Kontext vermitteln, Beziehungen zu leben, Du zu sagen und damit Verantwortung zu übernehmen und zu geben." (Muth 2011, S.73)

Diese Verantwortung ist allerdings begrenzt. Auch wenn ich die Notwendigkeit sehe, mich immer wieder in meiner pädagogischen Arbeit mit der eigenen Haltung, meiner Biographie und meinen *Realphantasien* zu befassen, werde ich dadurch keine Garantie bekommen, dass mir dialogisches Handeln gelingen wird.
Die Auseinandersetzung mit der Dialogphilosophie führt bei mir zwar zu der bewegenden Erkenntnis, dass es auf die Qualität des Kontaktes durch das jeweilige eigene Kommunikationsverhalten ankommt, das sich im Hören- wollen und ehrlichen Antworten ausdrückt, doch trotzdem können mir keine *Begegnungen* versichert werden (vgl. Muth 2011, S.189). Aber eines ist sicher:

> „Man kann einem andern Menschen nicht zuhören, wenn man selbst spricht" (E./M. Polster 1992, S.135)

Ob es aber zur *Begegnung* oder zur *Vergegnung* in Beziehungsräumen zwischen mir und den TeilnehmerInnen kommt, liegt in der Verantwortung aller Beteiligten, die sich dem Wagnis, der Selbstverwirklichung hingeben müssen (6.1). Meiner Auffassung nach kann der Dialog nur aus dem tiefsten Inneren und aus der Freiwilligkeit heraus entstehen.

> „Erst wenn sich Menschen wirklich mitteilen entsteht ein 'Wir', das jedoch wie das „Ich-Du" nicht angeordnet und gemacht werden kann. Ein 'Wir' ist immer auch abhängig vom verwirklichten Vertrauen unter den Menschen. [...] Das Entwickeln von neuen Vertrauensräumen ist Weg und Ziel dialogorientierter Menschen. Dialogische Erneuerung zeigt sich als 'wiedergeborene Unbefangenheit'. (Muth/Nauerth 2008,S.24)

Damit der Mensch sich seinem Leben öffnen und durch die tiefe Berührung *Werden* kann, braucht er Beziehungen (Wachstum) und Grenzen (Strukturen). Damit sich der Mensch auf diesen Weg begibt, braucht er Vertrauen in den Raum und in die Beziehung. Denn er selbst muss seine Grenzen (Schutz) ablegen, um Veränderung und Wachstum erleben zu können. Gleichzeitig geht er die Gefahr ein, verletzt zu werden (5.3). Dieses Wagnis werden Menschen nur eingehen, wenn sie sich nicht vorher der Verletzung sicher sind, sondern Vertrauen in die *Du*-Welt schenken. Muth (vgl. 1998b, S.87) schreibt, dass sie die Wichtigkeit in der Anfangsphase sieht. Gerade am Anfang liegt der Fokus auf den Vertrauensaufbau. Als dialogorientierte PädagogIn weist sie die TeilnehmerInnen auf die Freiwilligkeit, aber auch auf die Grenzen des Beziehungsraums hin. Auch hier ist die Balance gefragt, denn:

> „Je eher die Beteiligten ihre von Regeln befreiten Vorhaben zu Gehör bringen, desto mehr kann die Verständigung im Dialog einen Vertrauensschwund produzieren, der dazu angetan ist, zu den alten beruhigenden Verdeckungen zurückzukehren und so den Dialog wieder zu beenden. Die wohltätige Verschwiegenheit schafft mehr Vertrauen als das Sprechen, könnte es heißen.“ (Thümer-Rohr 2003, S.131)

Damit Vertrauen geschenkt werden kann, ist für mich die Haltung der PädagogInnen grundlegend, die sich in der Bestätigung und in der Akzeption der jeweiligen Person ausdrückt (6.1), sowie in der Hinwendung, die u.a. aus dem wirkliche Zuhören, dem echten Antworten (2.1) und der Gegenseitigkeit besteht. Die Hinwendung darf allerdings nicht als ein Versuch der Einverleibung benutzt werden (5.1). Buber spricht davon, dass eine wirkliche *Begegnung* nur im *echten Gespräch* stattfinden kann.

> „Im echten Gespräch geschieht die Hinwendung (meines Gegenübers) [...] Die erfahrenden Sinne und die Realphantasie, die das von ihnen Befundende ergänzt, wirken zusammen, um den anderen als ganze und einzige, als eben diese Person gegenwärtig zu machen. [...] Wo das dialogische Wort echtbürtig besteht, muß ihm sein Recht auf Rückhaltlosigkeit werden. Rückhaltlosigkeit aber ist das genaue Gegenteil von Darauflosredens. Alles kommt auf die Legitimität des 'was ich zu sagen habe' an.“ (Buber 2009, S.239f.)

Solch ein Gespräch braucht Vertrauen. Vertrauen und Offenheit kann nicht in sozialer Erwünschtheit oder unter Gruppendruck künstlich hergestellt werden. Es muss wachsen dürfen, deshalb ist es eigentlich paradox, sich über fehlendes Vertrauen zu beklagen (vgl. Petersen 1976, S. 104). Das Vertrauen symbolisiert für mich eine Brücke. Denn die Brücke schafft wie das Vertrauen eine Verbindung zwischen den Menschen und zur Umwelt. Durch das Zulassen des Dialoges wird Vertrauen geschenkt.

> „Vertrauen bedeutet Durchbruch aus der Verschlossenheit, Sprengung der Klammer, die um ein unruhiges Herz gelegt ist, aber es bedeutet keine unbedingte Zustimmung.“ (Buber nach Muth 2011, S.87)

Urvertrauen ist die Verbindung, die „bewusste Teilhabe am Geistigen und unverbrüchliches, unlösbares Gehaltwerden im Geistigen“ ausdrückt. Die Urangst ist der Rückzug, und durch die Einsamkeit kann eine Sehnsucht nach Beziehungen, nach Teilhabe entstehen (vgl. Gebser in Matt-Windel 2010, S. 101).

Auch hier lenkt sich meine Aufmerksamkeit auf die *zwiefältige* Haltung. Buber erkennt die Wichtigkeit in ihr, indem sie das Leben beider Pole in Bewegung hält.

Denn das einseitige Vertrauen würde eine Naivität herstellen: ein Leben in Angst würde den Menschen in Misstrauen ersticken. In beiden Extremen könnte der Mensch nicht wachsen.
Die Brücke drückt für mich das Urvertrauen aus, die innerliche Fähigkeit in den Dialog mit Menschen zu gehen. Wird diese verletzt, lässt sie sich nur langsam wieder aufbauen. Das bedeutet, dass Zeit und Kraft aufgebracht werden müssen.

> „Räume zu schaffen, in denen Angst sein darf und Vertrauen aus Liebe wächst, könnte eine [..] Maßnahme sein. Wer im Urvertrauen lebt spricht durch Haltung. Denn die Angst sucht die Antwort auf existenzielle Fragen." (Matt-Windel 2010, S.102)

Wenn Menschen von Vertrauen sprechen, die Brücke in Wirklichkeit jedoch mit Misstrauen belastet ist, dann entsteht ein Konfliktpotential. Der Ursprung aller Konflikte zwischen Menschen ist nämlich, dass ich nicht sage, was ich meine und nicht gemäß dem handle, was ich sage oder meine. (vgl. Muth/ Naueth 2008, S.25). Nur im echten Gespräch kann eine Kraft im Dialog entstehen, die Vertrauen aufbauen lässt. Es braucht Geduld, denn es ist ein Entwicklungsprozess, den Rückzug abzulegen, der sich durch Entschleunigung, Achtsamkeit und Geduld entwickeln lässt. *Ich* und *Du* führt dann dazu, dass Bewährtes bewahrt werden kann, und der Weg, der zur Veränderung führt, geöffnet wird (vgl. Leismann 2010, S.92)
Wenn Menschen ihre Angst also akzeptieren und diese nicht verleugnen, kann sie durch Ausdruck Raum in Beziehungen finden und überwunden werden. Es kann dann zur Veränderung kommen. Der Grund ist die innere Erkenntnis alter behindernder Muster (vgl. Matt-Windel 2010, S.104). Für Menschen, die sich für die schmerzvolle Konfrontation entschieden haben, kann es eine Wirkung von lustvollem Erleben sein, wenn es um Lernprozesse und Veränderungsprozesse geht (vgl. Peter 2010, S.147).

> „Erst wenn der Mensch sich als Mensch erkennt und seine Abhängigkeit von seinen Mitmenschen annimmt, kann er Verantwortung gegenüber der Welt entwickeln. [...] Durch den Distanzierungsakt erkennt er, dass er die Welt um sein selbst willen braucht. Da der Mensch eine Leib-Seele Einheit ist, kann er weder ohne Welt noch ohne Mitmenschen existieren. [...] Begreift der Mensch diese für sein Leben notwendige Beziehungsform, steht er am Ort der Umkehr, an dem Gemeinschaft entstehen kann." (Muth 2011, S.78)

9. Rückblick, Augenblick, Ausblick

Bei der Hinwendung zu der Thematik „Beziehung und Grenzen beim pädagogischen Handeln“ stellte sich ziemlich schnell heraus, dass ich das Thema, wie bereits vermutet, ganzheitlicher betrachten musste. Nur so konnte ich dem Verständnis des Inhalts näher kommen. Dementsprechend widmete ich mich der Dialogphilosophie, die eine Brücke zur Phänomenologie schlug (2.2). Dass ich den hier zu sehenden Zustand so erfassen konnte, wie ich es getan habe, lag daran, dass mein Prozess zum Verständnis der Dialogphilosophie gleich zu Beginn meines Studiums begann. In dem Buch von Muth und Nauerth (2008) begegnete ich zum ersten Mal der sozialen Mimesis von Wulf und Gebauer. Die beiden Konzepte ermöglichten mir, sowohl durch ihre Divergenz als auch in weiten Teilen durch ihre Konvergenz, Merkmale der Dialogphilosophie noch präziser herauszuarbeiten (3.1).

Als es dann darum ging, den Begriff Beziehung in seiner Vielfältigkeit zu beschreiben, brauchte es das Verständnis des Kontakts (3.2). Bei dieser Auseinandersetzung bezog ich mich auf die Gestaltliteratur und auch auf die Dialogik. Hierbei ging es u.a. um die natürliche Ordnung einer gesunden Beziehung.

Dabei stieß ich innerlich auf die Frage: „Wer braucht hier wen?“ Denn wenn PädagogInnen professionell Handeln wollen, müssen sie sich mit ihrer Vergangenheit abfinden, sie verstehen lernen und ihr eigenes *Ich* akzeptieren. Das bedeutet auch, dass sie sich mit der Gefährdung von Koabhängigkeit des Helfersyndroms auseinandersetzen müssen. Um ihre Haltung und ihr Handeln zu reflektieren, und weiter *Werden* zu können, brauchen sie selbst Räume in denen sie sich öffnen können in Form von Supervisionen und Weiterbildungsräumen (4).

In der Theorie befasste ich mich das erste Mal mit dem Thema der Grenzbildung. Dies brauchte viel Muße und Zeit. Gerade hier hat sich der Aufbau meiner Arbeit immer wieder geändert; bis zum Schluss war das präzise Formulieren und der rote Faden, den ich beibehalten wollte, ein Thema (5). Mit Grenzbildungen verantwortungsvoll umzugehen, folgte nach der Beschreibung von Grenzen. Hier brachte ich Grenzbildungen wieder in den Kontext der Dialogik und setzte den Schwerpunkt auf den radikalen Respekt vor der *Anderheit* (6.1).

Ab (6.3) komme ich zu dem Thema, dass Menschen immer zwischen zwei Polaritäten leben müssen, um wirklich dialogische Ziele erreichen zu können und weiterhin zu *Werden*. In diesem Kapitel wird somit Bezug zur Geschichte der beiden Wölfe (1.) genommen und somit auf die zwiefältige Haltung von Buber. Laut Buber kann ein Spannungsfeld durch den ganzen Körper erlebt werden. Was konkret passiert, wenn keine Entscheidungen getroffen werden, beschreibe ich konkreter in Kapitel 7. Zum Schluss dieses Kapitels geht es um die Anerkennung der Relativität (7.2) und dass die Dialogik sich gegen eine Moralphilosophie, wie Kant sie verfasst, ausspricht. Das bedeutet aber auch, dass Frustration erlebt werden muss, denn dialogorientiertes Handeln kann nicht immer gelingen. Wenn Menschen sich dazu entscheiden, den Dialog zu strukturieren, wird der Dialog scheitern. In dem gesamten Verlauf dieser Arbeit stellte ich mir auf der einen Seite die Frage, wie die Haltung der PädagogInnen auszusehen hat und auf der anderes Seite, wie Beziehungsarbeit gestaltet werden kann.
So entschloss ich mich zum Schluss auf diese beiden Fragen noch einmal einzugehen, indem ich die Gestaltung der Beziehungsräume zum Thema machte. Buber weist in seiner Dialogphilosophie auf die Notwendigkeit der *echten Gespräche* hin, die genau in Beziehungsarbeit Platz brauchen und dialogische Räume gestalten. Um solche zu erleben, brauchen TeilnehmerInnen Vertrauen. Denn nur dann können sie sich dem Unvorhersehbaren öffnen (8.). Wenn ich den inhaltlichen Verlauf dieser Arbeit betrachte, kann ich eine Widerspiegelung meines eigenen Verstehens erkennen, bzw. inwieweit ich noch weiter verstehen muss, um wirklich zu verstehen. Paradox für mich ist, dass ich das *Werden* von Buber so verstehe, dass ich immer verstehen kann, aber nie verstanden haben werde.
Ich bleibe immer Wahrheitssuchende. Diese Erkenntnis macht es mir allerdings schwer, mich zu begrenzen. Am Ende dieser Arbeit hatte ich das Gefühl, mich deswegen begrenzen zu müssen. Alte Erkenntnisprozesse hörten auf, neue begannen und weitere werden folgen.
Ich möchte hier auf eine weitere Zusammenfassung verzichten, denn sie könnte diese Arbeit niemals in Komplexität wiedergeben. Es wären zu viele Details, die auf Grund einer komprimierten Begrenzung die Dialogik nicht greifbar macht, welches auch schon in meiner Arbeit stattgefunden hat. Selbst Buber benannte das Dilemma, als er versucht hat, die Materie niederzuschreiben (1.1).

Denn wer Dialogik wirklich verstehen will oder ihre Haltung annehmen will, braucht die Erfahrung mit ihr (vgl. Schopp 2010, S. 53). Denn in dem Augenblick, in dem Beziehung benannt wird, ist sie schon vergangen (vgl. Buber 1983, 4f.). Deswegen entscheide ich mich hier gegen eine weitere Zusammenfassung und möchte mich in diesem Augenblick noch einmal abschließend mit einem Zitat von Buber beschäftigen:

> „Das einzelne Du (Verbundenheit) muß, nach Ablauf des Beziehungsvorgangs, zu einem Es werden. Das einzelne Es (Urdistanz) kann, durch Eintritt in den Beziehungsvorgang, zu einem Du werden." (Buber 1983, S. 33) (Angaben in Klammern von NP)

Mit diesem Zitat spricht Buber für mich einen der bedeutsamsten Punkte für Beziehungs(-arbeit) an, aus dem sich **ein** Fazit meiner Arbeit ergeben hat. *Ich-Du* Beziehungen erfahren Grenzen; sie müssen sie sogar erfahren.

Was das genau bedeutet, werde ich anhand einer Beschreibung der Sonne darstellen. Die Fläche der Sonne sind die Räume, in denen die Gegenwart gelebt und verändert werden kann. *Ich-Du* Momente bringen die Sonne zum aufgehen und zum wachsen. Das *Ich-Es* lässt die Sonne untergehen.

Lieber Leser, führen sie sich eine aufgehende Sonne vor Augen, die in ihrem gelb orangen Licht strahlt, sodass Sie das Gefühl bekommen könnten, berührt zu werden. Tiefe Berührungen geschehen bei der *Hinwendung, beim Wesensakt*, wenn Menschen *Ich-Du* Momente erleben.

Durch Vertrauen der Teilnehmerinnen und mittels einer dialogorientierte Haltung der PädagogInnen (6.4) kann eine *bestimmte „Atmosphäre* in dialogischen Räumen" (Schopp 2008, S.56) aufkommen. Solch einer Atmosphäre können Menschen sich dann in ihrem inneren Leben öffnen und sie können letztendlich Werden (1.3). Umso mehr *Ich-Du* Momente der Mensch erfährt, desto mehr wächst der Raum, in dem die Ziele der Dialogik erreicht werden können. Diese Ziele der Dialogik sind u.a. die „Selbsterziehung" (Buber nach Muth 2011, S.96), sowie die Entwicklung globaler Verantwortung und sozialer Identitätsfindung.

Umso höher die Sonne aber aufgeht, desto größer erscheint sie am Horizont und desto größer ist sie als Fläche zu sehen. Ihr Licht beleuchtet neue Wahrheiten und lässt den Mensch aus seiner inneren Welt heraus die Möglichkeit, *Anderheiten* kennen zu lernen. Doch je größer dieses Gewahrsein ist, desto höher kann auch die innere Spannung wachsen, wenn Entscheidungen getroffen werden müssen. Nur *Ich-Du* Momente oder in der Gegenwart zu leben,

„[...] würde einen aufzehren, wenn da nicht vorgesorgt wäre, daß .. rasch und gründlich überwunden wird.“ (Buber 1983, S.34)

Doch Raum braucht der Mensch, damit genug Platz für die ausgeglichene Ambivalenzhaltung entstehen kann. In der Mitte ist die Sonne und die Polaritäten befinden sich ringsherum. Auch unser Sonnensystem ist so aufgebaut. Bei den Polaritäten stehen sich die Gegensätze gegenüber. Die Freude und die Trauer, die Angst und das Vertrauen, etc. Um Entscheidungen treffen zu können, braucht es beides. Schlage ich mich auf eine Seite, befinde ich mich nicht mehr im Gleichgewicht.

„Die Polarität, die der Mensch in sich selbst erlebt, wird durch Bindung aushaltbar. Der Mensch sucht eine ausgeglichene Ambivalenzhaltung, die er durch Entscheidungen mit 'ewiger Endgültigkeit' findet. Durch entscheidende Taten wagt der Mensch. Das Wagen ist Werden und Selbstverwirklichung. Tod und Leben bilden die Polaritäten des Lebens. Dazwischen steht oft Verzweiflung. Doch ist sie Antrieb zur Verwirklichung. Sie ist die Kraft für das Schaffen und Entscheiden-[sic!] können. Ohne die „Zweiheit“, die sich in der Verzweiflung ausdrückt, ist kein Weg zum wirklichen gelebten Leben möglich:“ (Muth 2011, S.64)

Der Mensch neigt dazu, bei Kontaktstörungen im Feld oder Unsicherheiten, Regeln erheben zu wollen (vgl. Juul 2011, S. 83), aber genau das ist es, was den Dialog verhindern würde und was die Sonne sinken lassen würde.

„Grenzen des Dialogs tauchen da auf, wo mit ihm Behausung und bloße Harmonie gesucht wird.“ (Thürmer-Rohr 2003, S. 131)

Das Ich-Es ist aber von keiner schlechten Materie, sowie die Einsamkeit auch notwendig dafür ist, dass der Mensch in Beziehungen eintreten kann. Einsamkeit wird so zu einem Ort der Verantwortung (6.4). Auch die Sonne muss untergehen, damit sie wieder aufgehen kann, nur ganz ohne sie würde unsere Welt nicht mehr existieren und ebenso sind Menschen abhängig von Beziehungen (3.5). So finden Beziehungen ihren Anfang und ihr Ende, so wie das Leben auch anfängt und aufhört. Wenn Altes gegangen ist, kann Neues entstehen. So endet auch mit diesem Satz meine Arbeit.

10. Literatur- und Quellenverzeichnis

Blankertz S. und Doubrawa E. (2005): Lexikon der Gestalttherapie. Wuppertal: Hammer

Bohm, D. (2005): Der Dialog. Stuttgart : Klett-Cotta, 2005

Buber, M (1983): Ich und Du: Heidelberg: Verlag Lambert Schneider GmbH

Buber, M (1986): Begegnung. Autobiographische Fragmente. Heidelberg: Verlag Lambert Schneider GmbH

Buber, M (1983): Ich und Du:Heidelberg: Verlag Lambert Schneider GmbH

Buber, M (2009): Das dialogische Prinzip: Gütersloh: Verlag Lambert Schneider GmbH

Danner, H. (2006): Methoden geisteswissenschaftlicher Pädagogik München: Ernst Reinhart Verlag

Fuhr, R./Gremmler-Fuhr, M. (1995): GESTALT-ANSATZ Grundkonzepte und -modelle aus neuer Perspektive. Köln

Harbusch, U. (1999). *Emil, Lottchen und der kleine Mann: Erich Kästners Kinderwelt* (Vol. 86). Deutsche Schillergesellschaft.

Juul, J. (2011): Grenzen, Nähe, Respekt. R. bei Hamburg: rowohlt Taschenbuch Verlag

Matt-Windel, S. (2010): Angst und Zorn- aus der Perspektive integraler Philosophie. In: Muth, C./Nauerth, A. : Vertrauen gegen Aggression. Schwalbach/Ts: Wochenschau-Verlag (13- 15)

Muth, C. (1998a): Dialogpädagogische Reflexion über transkulturelle Erwachsenenbildung in Aktion (broschiert)

Muth, C. (1998b): Wenn Lehrerinnen keine plurale Identitätshaltung ausstrahlen, können SchülerInnen auch nicht den Umgang mit Vielfalt lernen. In: Muth, C (2005): Im Vertrauen und in Verantwortung- 10 Jahre dialogische Pädagogik. Stutgart. Ibedem Verlag. (61-72)

Muth, C. (2004): Willst du mit mirg gehen, Licht und Schatten verstehen? Eine Studie zu Martin Bubers Ich und Du. Stutgart. Ibedem Verlag.

Muth, C. (2011): Erwachsenbildung als transkulturelle Dialogik. Schwalbach/Ts.: Wochenschau Verlag

Muth, C./Nauerth, A. (2008): Dialog und Diagnostik. Wien: Facultas Verlags- und Buchhandels AG

Muth, C. (2010a): Aggression aus Sicht des dialogischen. In: Muth, C./Nauerth, A. : Vertrauen gegen Aggression. Schwalbach/Ts: Wochenschau-Verlag (13- 15)

Muth, C. (2010b): Respekt vor derAnderheit. In: Muth, C./Nauerth, A.: Vertrauen gegen Aggression. Schwalbach/Ts: Wochenschau-Verlag (124- 138)

Nauerth,A. (2010): Schmerz und Abwertung. In: Muth/C./Nauerth,A.:Vertrauen gegen Aggression. Schwalbach/Ts : Wochenschau-Verlag (139-159)

Leismann, J. (2010): Flügel des Selbst. In: Muth/C./Nauerth,A.:Vertrauen gegen Aggression.Schwalbach/Ts : Wochenschau-Verlag (92-99)

Peter, S. (2010): Grenzwerte. In: Muth/C./Nauerth,A.:Vertrauen gegen Aggression.Schwalbach/Ts : Wochenschau-Verlag (159)

Polster, E.u. M. (1992):Gestalttherapie, Theorie und Praxis der integrativen Gestalttherapie. Frankfurt am Main: Fischer Taschenbuch Verlag GmbH

Thümer-Rohr, C. (2003): Dialog und Dialogisches Denken. In: Niekant, R./Schuchmann, U. (Hrsg.): Feministische ErkenntnisProzesse, Zwischen Wissenschaftstheorie und politischer Praxis Reihe: Politik und Geschlecht, Band 7. (121-135)

Schrage, S. (2009): (Hrsg.): Menschenbild und Leiblichkeit. Eine philosophische-anthrophologische Studie nach der Phänomenologie Merleau-Ponty. Stuttgart: ibidem Verlag

Werner, H.-J. (1994): Martin Buber. Frankfurt/Main

Wulf, C. (2005): Zur Genese des Sozialen. Bielefeld: Transcript Verlag

Internetseiten

1. (Hrsg.): Geschichte der Wölfe :http://www.antaria.cc/Texte-und-Zitate/Die-zwei-Wolfe (09.12.13)
2. Muth, C. (2005) : Pädagogik als Dialog: http://www.gestalt.de/muth_paedagogik.html (10.12.13)
3.Blankertz,S. /Doubrawa E. (2005) Stichwort Aggression: http://www.gestalttherapielexikon.de/aggression.html(10.12.13)
4. Hüther, G (2005): Weshalb Kinder Märchen brauchen, Neurobiologische Argumente für den Erhalt einer Märchenerzählkultur: http://www.gerald-huether.de/populaer/veroeffentlichungen-von-gerald-huether/texte/maerchen-gerald-huether/index.php (10.12.13)
5. Yonteff, G. (1999): Beziehungen und Selbstwertgefühl in der gestalttherapeutischen Ausbildung: http://www.gestalt.de/yontef_beziehungen.html (10.12.13)

Teil 2

Silvia Röben

Charakter und Bildung

Inhalt

1 Einleitung ... 95

1.1 Charakterbildung als pädagogisches Ideal ... 95

1.2 Die Notwendigkeit eines präzise formulierten Verständnisses von Bildung ... 97

1.3 Thematischer Überblick und methodisches Vorgehen ... 98

1.4 Anmerkungen zu Sprache und Aufbau ... 99

2 Ideen von Bildung und Lehre ... 101

2.1 Zur Bildungstheorie Wilhelm von Humboldts ... 101

2.2 Bubers Begriff von Lehre ... 102

2.3 Bildung im Konzept Lebenslangen Lernens ... 103

3 Bildung in einer neoliberalen Gesellschaft ... 107

3.1 Der europäische Bildungsraum ... 107

3.2 Der Mensch im europäischen Bildungsraum ... 108

3.2.1 StudentInnen als Entwickler von Humankapital ... 108

3.2.2 Zur Manifestierung eines Menschenbilds im europäischen Bildungsraum ... 110

3.2.3 Das eigene Leben als Projekt ... 112

4 Charakterbildung und Verantwortung ... 115

4.1 Bildung und Charakterbildung als Prozess des Erlebens ... 115

4.2 Die Typologie des Enneagramms als Hilfe zum Verständnis Anderer ... 119

5 Der Dialogische Ansatz Martin Bubers in Grundzügen ... 121

5.1 Das Verhältnis von Ich-Du und Ich-Es Beziehungen in Bubers Konzeption ... 121

5.2 Bubers Konzept der Verantwortung als Bildungsperspektive ... 123

5.3 Konsequenzen für das Verständnis von Pädagogik und Bildung ... 124

6 Relevanz für die pädagogischen Handlungsfelder ... 129

6.1 Dialogisches Handeln in der pädagogischen Praxis ... 129

6.2 Die Notwendigkeit einer pädagogischen Identität ... 131

6.3 Dialogische Grundhaltung und Dialogfähigkeit ... 132

7 Abschließende Betrachtung ... 135

8 Literatur- und Quellenangaben ... 139

1 Einleitung

„Vielleicht ist es heute nicht so sehr das Ziel, zu entdecken, was wir sind, als vielmehr zurückzuweisen, was wir sind“

Michel Foucault

1.1 Charakterbildung als pädagogisches Ideal

In der pädagogischen Arbeit ist es unerlässlich sich mit dem Wesenhaften, den Eigenschaften eines Menschen, auseinanderzusetzen. Eine Kernfrage dieser Auseinandersetzung ist, ob das, was gemeinhin als Persönlichkeit oder Charakter tituliert wird, anlagebedingt festgelegt ist oder durch äußere Beeinflussung prozesshaft entsteht. Vermutlich liegt die Antwort dieser Frage nicht an einem messbaren Punkt, sondern irgendwo zwischen beiden Extremen, sodass beide Anteile untrennbar voneinander berücksichtigt werden müssen, um einen Charakter annähernd zu erfassen.

Diese Erkenntnis impliziert die Möglichkeit auf die Entfaltung und Erziehung des menschlichen Charakters einwirken zu können, allerdings unter Berücksichtigung und in Anerkennung bestimmter Vorgaben.

Eine Idee zur Entwicklungsmöglichkeit verschiedener Charaktere innerhalb spezifisch vorhandener Muster ist eine Typologie, die in der Fachliteratur als „Enneagramm“ bezeichnet wird. Die Ursprünge und das Alter der Idee des Enneagramms sind nicht eindeutig belegt, werden jedoch mit Babylonien und Altägypten in Verbindung gebracht. Die weitestgehende Mutmaßung über das Alter nennt fünftausend Jahre (vgl. Reifahrt, 2008, S. 30).

Wilfried Reifahrt skizziert die Idee des Enneagramms in seinem Buch wie folgt:

> „Jeder Mensch ist gewiß einmalig und besonders. Der genaue und sorgfältige Blick auf ihn rechtfertigt jedoch die Annahme eines *Musters*, welches einen erheblichen Teil des Fühlens, Denkens und Verhaltens dieses Menschen exakt und zutreffend beschreibt. Ent-Wicklung kann nur innerhalb dieses Musters stattfinden“ (Reifahrt, 2008, S. 10).

In Deutschland, anders als beispielsweise in den USA, gilt das Enneagramm als Typenlehre nicht als wissenschaftlich anerkannte Theorie. Die entsprechende Aufgabe Belege und Beweise herbeizuführen, welche die Gültigkeit dieser Typologie bestätigen, kann im umfänglichen Rahmen dieser Arbeit nicht geleistet werden. Dennoch werde ich auf die Logik und Systematik dieses Modells hinsichtlich der Charakterreifung eines Menschen Bezug nehmen, da Anschlusspunkte zu Bubers dialogischem Ansatz darstellbar sind.

Das vermutliche Alter der Idee des Enneagramms lässt erahnen, dass die Menschen sich seit jeher mit ihrem persönlichen Sein zur und in der Welt beschäftigen.

Wilhelm von Humboldt erkannte ebenfalls eine Sinnhaftigkeit in der Auseinandersetzung mit dem menschlichen Charakter bezüglich dessen Entwicklungsmöglichkeiten. Er geht von der menschlichen Individualität aus und versucht diese in Zusammenhang mit der Bildung des Menschen zu begreifen. Für Humboldt ist es der Charakter, durch den menschliche Individualität vor dem Hintergrund der Geschichtlichkeit und Geselligkeit des handelnden Menschen überhaupt erst erkennbar wird. Diese Individualität erfasst Humboldt als Darstellung innerer Kräfte (vgl. Tschong, Youngkun, Charakter und Bildung, S. 58 f.).

> „Was sich in der Seele des Menschen bewegt, seine Gedanken, Empfindungen, Neigungen und Entschlüsse, und wie, in welcher Folge und Verknüpfung sie wirken, sind also die Punkte, worin sein Charakter besteht – das Verhältnis und die Bewegung seiner Kräfte, zugleich und als eins gedacht“ (Wilhelm von Humboldt in Tschong, Youngkun, 1991, S. 62).

Auch erkennt er den individuellen Charakter eines Menschen durch seine Beschaffenheit als

> „nothwendig unendlich; keine Kraft schreibt sich selbst einen Stillstand in ihrer Entwicklung vor“ (Humboldt, Wilhelm von, in Tschong, Youngkun, 1991, S. 62).

Die Verknüpfung von Charakter und Bildung diente nicht nur Humboldt als ein Ausgangspunkt für seine bildungstheoretischen Erkenntnisse, sondern fordert angesichts der gegenwärtigen Entwicklungen im Bildungssektor zu einem reflektierenden Blick auf die Ursprünge dieser Ideen heraus. In Zeiten ökonomisch geprägter Termini wie „Humanressourcen“ und „Wissensgesellschaften“, die im gegenwärtigen politischen Diskurs ein gesellschaftliches Zukunftsmodell entwerfen, wird Wissen als Kapital gehandelt. Die Qualität und Quantität des Wissens sind scheinbar abhängig vom jeweiligen Bedarf im ökonomischen Sinne. Grund genug sich seines eigenen Charakters zuzuwenden und eine prüfendende Haltung einzunehmen. Der Gedanke an ein reziprokes Abhängigkeitsverhältnis zwischen institutionell organisiertem Lernen und Charakterbildung im Sinne einer Haltung zum humanistischen Menschenbild ist *noch*[1] gegenwärtig (Memorandum Lebenslanges Lernen vom 30.10.2000 in Brüssel, S. 4 und 8).

1.2 Die Notwendigkeit eines präzise formulierten Verständnisses von Bildung

Kaum ein Terminus wurde über die Jahrhunderte so häufig zum Anlass einer Diskussion genommen wie der Begriff Bildung. Nachweislich sinnierten und diskutierten die griechischen Philosophen, wie beispielsweise Platon in seinem Höhlengleichnis, darüber, was genau denn nach ihrem persönlichen Verständnis Bildung sei (vgl. Kant & Co. Im Interview, Reclam, 2009 Stuttgart, S. 97 ff').
Eine klärende Definition hat sich bis heute nicht durchgesetzt. Bildung scheint willkürlich in ihrer Interpretation. Ungeachtet dieser Tatsache taucht der Begriff in jedem politischen Wahlkampf auf, wird als Grund für die Notwendigkeit von Reformen genannt, im Bericht der BLK[2]„Strategie für Lebenslanges Lernen in der Bundesrepublik Deutschland“[3] als Recht für jeden Menschen statuiert und nicht zuletzt seit Veröffentlichung der Pisa-Studie[4] als Erfolgsmaßstab im EU- Ländervergleich eingesetzt. Stabil hält sich das Argument, dass Bildung über Wohl und Wehe der Teilhabe am gesellschaftlichen Leben entscheidet. Doch was meint dieser Begriff im öffentlichen und politischen Diskurs und was sollte die Sinnhaftigkeit von Bildung bezogen auf das Wohlergehen des Menschen, jedes Menschen, sein?

---

1 Die kursive Schriftweise im Fließtext markiert Hervorhebungen der Autorin.

2 Bund Länder Kommission für Bildungsplanung und Forschungsförderung.

3 Beauftragt von der Bund-Länder-Kommission entwickelte eine Arbeitsgruppe dieses Papier als Grundlage zur Umsetzung des Konzepts Lebenslanges Lernen in der Bundesrepublik Deutschland. Am 5. Juli 2004 nahm die Bund-Länder-Kommission für Bildungsplanung und Forschungsförderung dieses Papier samt Anhängen einstimmig zur Kenntnis (vgl. www.bildungsserver.de/db/mlesen.html?Id=30455 Link: http://www.pedocs.de/volltexte/2008/325/pdf/heft 115.pdf).

4 Ländervergleich bestimmter Kompetenzen der fünfzehnjährigen SchülerInnen über: http://www.oecd.org/berlin/themen/pisa-hintergrund.htm, nähere Erklärung zur Pisa- Studie siehe Fußnote Seite 10

Ist Bildung noch Bildung, wenn ökonomische Aspekte in der Umsetzung von Konzepten institutionell organisierten Lernens wohlwollenden pädagogischen Gesichtspunkten, wie zum Beispiel der Reifung des individuellen Charakters eines Menschen, übergeordnet werden?

Aller Reformen, Rankings und Berichte zum Trotz tauchen sowohl in der öffentlichen, als auch in der politischen Bildungs-Diskussion in stetiger Regelmäßigkeit die Ideen der Klassiker, wie beispielsweise Wilhelm von Humboldt, zu Bildung und Erziehung auf und überraschen mit ihrer Aktualität.
Hinzu gesellt sich ein latent vorhandenes Unbehagen gegenüber der Art und Weise, wie heute über Bildung und Erziehung gedacht und gesprochen wird (vgl. Masschelein, J. Simons, M. 2012, S. 9).

Daraus lässt sich die Notwendigkeit einer Begriffsklärung ableiten, die unter Bildung nicht die ausschließliche Vermittlung und Speicherung oder Berufsbezogenheit und aktuelle Verwertbarkeit von Wissen versteht, sondern darüber hinaus die Umsetzung des Erlernten durch reflexive Denkprozesse in selbstbewusstes und verantwortungsbewusstes Handeln als Befreiung von Unmündigkeit.

Die Vermittlung und Annahme von Verantwortung kann nur geschehen, wenn Bildung jeden Menschen so reifen lässt, dass er sich seiner Selbst bewusst wird.

1.3 Thematischer Überblick und methodisches Vorgehen

Ziel dieser Arbeit ist der Versuch aus philosophisch pädagogischer Perspektive ein deutlich profiliertes Verständnis des Begriffs Bildung zu erfassen und daraus eine Verantwortung des Menschen und ebendiese spezifisch für professionell tätige PädagogInnen abzuleiten.

Inhaltlich geht es darum, dem gegenwärtigen Diktat der Ökonomie im Bildungskontext eine natürliche Bestimmung des Menschen in seinem individuellen Wesen gegenüberzustellen. Darüber hinaus gilt es festzustellen, wie sich ein solches Diktat in menschlicher Gemeinschaft manifestiert.

Dies geschieht über eine einführende Darstellung verschiedener Ideen von Bildung und in der Auseinandersetzung mit den Auswirkungen der Bildungsreform im europäischen Bildungsraum seit Bologna. Grundlage der Darstellung dieser Folgen sind zwei öffentlich zugängliche bildungspolitische Dokumente; das Arbeitsdokument der Kommissionsdienststellen: Memorandum über Lebenslanges Lernen und die Bologna-Erklärung. Entlang der Arbeit „Globale Immunität" von Masschelein und Simons wird reflektiert, welche Steuerungsinstrumente wirken, damit sich in den neoliberalen Gesellschaften eine bestimmte Definition von Bildung manifestiert. Darauf aufbauend wird der eigene Anteil jeder Person an der Entstehung eines Menschenbilds, hier im europäischen Bildungskontext, in den Blick genommen.

Im weiteren Verlauf werden die Erkenntnisse des vorherigen Teils im Zusammenhang mit dem menschlichen Charakter und seinem individuellen Verhältnis zur Welt reflektiert. Hier stützt sich diese Arbeit hauptsächlich auf die Pädagogik und den Dialogischen Ansatz des Dialogphilosophen Martin Buber.

Der Transfer der theoretischen Erkenntnisse dieser Reflexion in die Möglichkeiten pädagogischer Praxis erfolgt bezugnehmend auf das von Cornelia Muth entwickelte erwachsenenpädagogische Handlungskonzept „Transkulturelle Dialogik".

1.4 Anmerkungen zu Sprache und Aufbau

Um beiden Geschlechtern gerecht zu werden verwende ich in dieser Arbeit, sofern möglich, die Doppelnennung in einem Wort. Mir ist bewusst, dass dies nicht korrekt im Sinne der deutschen Rechtschreibung ist.

2 Ideen von Bildung und Lehre

Dieser Abschnitt beinhaltet einen kurzen Umriss der Grundannahmen und Ziele der jeweiligen Autoren hinsichtlich ihrer Idee von Bildung und Lehre. Die Vorstellung der Bildungsidee Wilhelm von Humboldts bezieht sich lediglich auf den Ansatz seiner Theorie, nicht auf die Auswirkungen der damit zusammenhängenden Reform.

2.1 Zur Bildungstheorie Wilhelm von Humboldts

Ausgangspunkt der Bildungstheorie Wilhelm von Humboldts ist dessen Überzeugung,

> „daß sich das Leben des Menschen nicht darin erfüllen kann, vom Zufall zugewiesene und erlernte Beschäftigungen auszuüben, seine Pflicht in einem Wirkungskreis zu tun, in den sich der einzelne aus welchen Gründen auch immer hineingestellt findet" (Menze, 1975, S. 46).

Für Humboldt erschöpft sich die Sinnhaftigkeit der menschlichen Existenz nicht in der bloßen Reproduktion eines

> „beliebig unter die Art Mensch zu subsumierenden Wesens" (Menze, 1975, S. 46).

Vielmehr stellt er seinem Denken die Einzigartigkeit eines jeden Menschen voran. Durch den aktiven Vollzug des Menschseins selbst und der Entfaltung und Entwicklung der ihm eigenen Kräfte macht sich der Mensch einzigartig und nicht reproduzierbar (vgl. Menze, 1975, S. 46-47).

> „Dieser individuelle Mensch repräsentiert in seiner wesenhaften Eigentümlichkeit die ganze Menschheit auf seine Weise. Er ist die Darstellung der unendlichen Menschheit in der notwendig begrenzten Individualität. Somit ist das Werk, dass der Mensch rein als Werk vollbringt, seine Bildung" (Menze, 1975, S. 47).

Humboldt erkennt in der dem Menschen innewohnenden Fähigkeit zur Reflexion seines Wirkens und Handelns den eigentlichen Vollzug von Bildung. Durch den Rückbezug der eigenen Tätigkeiten des Menschen auf sich selbst geschieht die Bildung des Selbst. Diese Bildung ist als lebenslanger Prozess zu verstehen.

Aus diesem Verständnis von Bildung entwirft Humboldt grundlegend seine Vorstellung von Universität und Studium.

„Sinn der Universität ist es also, dem einzelnen anzubieten, eine Zeitlang der Selbstvollendung und der reinen, also zwecklosen Wissenschaft zu leben.
Eine Konsequenz aus dieser Auffassung ist nicht nur, dass für den einzelnen keine verbindlichen Studiengänge eingerichtet werden können, sondern daß es überhaupt keinen genau fixierbaren Endpunkt für das Universitätsstudium gibt“ (Menze, 1975, S. 325).

Wissenschaft und Lehre sind für Humboldt somit in gewissem Sinne weder abschließbar, noch in Ergebnissen zu bewerten. Auch weist er explizit darauf hin, dass Wissenschaft nicht zweckgebunden sein sollte. Daraus ergibt sich als weitere Konsequenz, dass das Bemühen um „Versittlichung und Selbstvollendung“ (Menze, 1975, S. 325)[5] der jungen Menschen nicht in Ergebnissen gemessen werden kann, sondern in ihren Handlungen sichtbar wird.

2.2 Bubers Begriff von Lehre

Martin Bubers pädagogischem Ansatz und seinem Begriff von „Lehre“ liegt in- sofern ein ähnliches Verständnis zugrunde, als dass auch er nicht den Umfang von Wissen und dessen ausschließliche Vermittlung meint, sondern vielmehr die unmittelbare Umsetzung von Wissen in das gelebte Leben. Die Wirkung in die Welt, die das in Handlung umgesetzte Wissen auslöst, ist für Buber entscheidend (vgl. Bohnsack, 2008, S. 73).

„Die Lehre ist an die Tat gebunden“ (Buber in: Bohnsack, 2008, S. 73).

Buber geht es um eine Befähigung zu einem sinnvollen Leben. Diese Befähigung ist nicht rein inhaltlich als Lehre durch Weiterleiten und Aufnehmen von Wissen vermittelbar. Vielmehr entsteht die Aufnahme und Umsetzung dieses Wissens für ihn durch Beziehung, durch Kontakt. Hierbei ist die Authentizität der Personen in einer Lernsituation wesentlich.

„Erlebend sind wir Angeredete; denkend, sagend, handelnd, hervorbringend, einwirkend vermögen wir Antwortende zu werden“ (Buber in Bohnsack, 2008, S. 25).

Antwortende zu werden durch angesprochen sein, von Person zu Person oder auch durch vermittelten Lerninhalt, ist für Buber Voraussetzung für echte Verantwortung.

---

[5] Die Anführungszeichen im Fließtext markieren Direktzitate. Die Quellenangabe erfolgt im weiteren Verlauf der Arbeit aus Gründen der Lesbarkeit am Ende des jeweiligen Absatzes.

Eine solche Lernsituation ist in einem vorprogrammierten Lernraum nicht möglich, sondern vollzieht sich personal in der Herausforderung der jeweiligen (Lebens-) Situation (Klammerangabe Anmerkung der Autorin).

> „Jede lebendige Situation hat, wie ein Neugeborenes trotz aller Ähnlichkeit ein neues Gesicht, nie dagewesen, nie wiederkehrend. Sie verlangt eine Äußerung von dir, die nicht schon bereitliegen kann. Sie verlangt nichts was gewesen ist. Sie verlangt Gegenwart, Verantwortung, dich. Einen großen Charakter nenne ich den, der durch seine Handlungen und Haltungen den Anspruch der Situation aus einer tiefen Bereitschaft zur Verantwortung seines ganzen Lebens erfüllt, und so, daß sich in der Gesamtheit seiner Handlungen und Haltungen doch auch die Einheit seines Wesens, seines verantwortungswilligen Wesens bekundet" (Buber, Reden über Erziehung, 2005, S. 84).

Buber weist damit auf zwei grundlegende Aspekte seiner Idee von Lehre hin. Zum einen auf den radikalen Respekt vor der Anderheit des Anderen, zum anderen auf die Notwendigkeit einer Bildung, die Raum zur Charakterreifung bietet. Dieser Raum existiert nicht als Programm, sondern personal. In dieser personalen Wechselbeziehung liegt ein Zwischen, eine Substanz, die Charakter aufbauend wirkt.

Auch für Buber ist Charakterbildung also wesentlicher Bestandteil der Lehre.

2.3 Bildung im Konzept Lebenslangen Lernens

Unter 1.1 sowie 2.1 wurden Ideen von Bildung und Lehre vorgestellt, welche, obgleich sicherlich beeinflusst durch ZeitgenossInnen, biographische und zeitgeschichtliche Strömungen, von Einzelpersonen entwickelt wurden. Unter diesem Punkt wird eine Idee von Bildung skizziert, an der eine Vielzahl von Personen unterschiedlicher politischer, wirtschaftlicher und gesellschaftlicher Funktion beteiligt ist.

In der Bologna Erklärung von 1999 wird auf ein „Europa des Wissens" als „unerlässliche Voraussetzung" für die menschliche und gesellschaftliche Entwicklung sowie als unverzichtbare Komponente der Festigung und Bereicherung der europäischen Bürgerschaft hingewiesen. Daraus leite sich die Notwendigkeit der Schaffung eines einheitlichen europäischen Bildungsraums ab, der internationale Wettbewerbsfähigkeit, Mobilität und arbeitsmarktbezogene Qualifizierung gewährleisten soll (vgl. Bologna Erklärung über: www.bmbf.de/pubRD/bologna_deu.pdf,).

Auf dieser Grundlage wurde in den Schlussfolgerungen des Europäischen Rats von Lissabon im März 2000 festgestellt, dass Europa sich auf dem Weg ins „Zeitalter des Wissens“ befindet. Der wirtschaftliche und soziale Wandel macht ein Umdenken bezüglich des Ansatzes für Bildung und Berufsbildung erforderlich. In Erkenntnis dessen muss eine Orientierung zum lebenslangen Lernen mit dem Übergang zu einer auf Wissen basierten Wirtschaft und Gesellschaft einhergehen. Aus diesen Schlussfolgerungen wurden sechs Botschaften in Verbindung daraus resultierender Ziele an die Mitgliedstaaten als Diskussionsgrundlage zur praktischen Umsetzung lebenslangen Lernens formuliert (vgl. Memorandum Lebenslanges Lernen über: www.bildungsserver.de/db/mlesen.html?Id=12835).

Bereits die erste Botschaft und die darin formulierten Ziele geben Hinweise auf den Ansatz dieser Idee von Bildung:

> „Neue Basisqualifikationen für alle
>
> *Ziel: Den allgemeinen und ständigen Zugang zum Lernen gewährleisten und damit allen Bürgerinnen und Bürgern ermöglichen, die für eine aktive Teilhabe an der Wissensgesellschaft erforderlichen Qualifikationen zu erwerben und zu aktualisieren* (…) Die (…) genannten Basisqualifikationen sind: IT- Fertigkeiten, Fremdsprachen, Technologische Kultur, Unternehmergeist und soziale Fähigkeiten“ (Memorandum Lebenslanges Lernen über: http://www.bologna-berlin2003.de/pdf/Memorandum.De.pdf).

Die Formulierungen implizieren nicht nur ein vorhandenes Modell menschlicher Gesellschaft, nämlich der „Wissensgesellschaft“, sondern offenbaren ebenfalls die Aufforderung an den Einzelnen für seine Teilhabe als Mitglied dieser Gesellschaft selbst aktiv werden zu müssen in *deren Sinne*. Der Mensch als stetig Lernender, um sich das jeweils zeitgemäß notwendige Wissen anzueignen. Dieses Menschenbild bestätigt sich in der Formulierung der zweiten Botschaft und deren Zielsetzung:

> „Botschaft 2: Höhere Investition in die Humanressourcen
>
> *Ziel: Investitionen in Humanressourcen deutlich erhöhen und damit Europas wichtigstes Kapital - das Humankapital – optimal nutzen* (…) um den Qualitätsfundus kontinuierlich aufzufüllen; zum anderen bedeutete dies aber auch, dass zu überdenken ist, was überhaupt als Investition zählt (…)“ (Memorandum Lebenslanges Lernen über: http://www.bologna-berlin2003.de/pdf/Memorandum.De.pdf).

Der wissende Mensch wird zum nutzbaren Kapital und sorgt zeitgleich durch seine aktive Lernbereitschaft für entsprechende Ressourcen.

Sowohl Wortwahl als auch Inhalt der exemplarisch genannten Botschaften und der damit verbundenen Ziele offenbaren, dass Bildung in diesem Konzept nicht als Prozess der Menschwerdung durch verstehende Auseinandersetzung mit aufgenommenem Wissen betrachtet wird. Vielmehr geht es um einen Prozess der Aneignung von Wissen, um damit unternehmerisch im ökonomischen Sinne aktiv zu werden.
Eine, wie Konrad Paul Liessmann formuliert, „Kapitalisierung des Geistes" (Liessmann, Konrad Paul, 2010, S. 10).

3 Bildung in einer neoliberalen Gesellschaft

3.1 Der europäische Bildungsraum

Die Gestaltung des europäischen Bildungsraums seit Bologna brachte vielfältige Veränderungen im Bildungswesen mit sich. Umfasst von der Idee des Bildungskonzeptes Lebenslangen Lernens ist die Umstellung der Studiengänge sowie des arbeitsmarktbezogenen Studienangebotes lediglich eine Folge der Reform.

Für Konrad Paul Liessmann erweisen sich die gegenwärtigen Bildungsreformen als „paradigmatisch für den Reformgeist, der die modernen Gesellschaften überhaupt in Atem hält". Für ihn weist der Bildungsbereich auf jene Tendenzen hin, die für den „Umbau der Gesellschaft" der späten achtziger Jahre des zwanzigsten Jahrhunderts als solches stehen können (Liessmann, 2008, S. 160; vgl. Liessmann ebd.).

> „Reform wurde dabei zu jenem Titel, unter dem der Abbau des Sozialstaates, die Privatisierung öffentlichen Eigentums und die Liberalisierung der Finanz- und Kapitalmärkte genauso vorangetrieben werden konnten wie die Erosionen staatlicher Strukturen und die Etablierung der Unternehmerperspektive als neue Weltanschauung und allgemeine Heilslehre" (Liessmann, 2008, S. 160).

Die Auswirkungen reichen über veränderte Lernangebote im Grund- und Sekundärschulbereich, wie beispielsweise die Umstellung auf eine achtjährige Sekundär-Schulzeit bis zum Abitur (G8), bis in die Elementarpädagogik (Klammerangabe Anmerkung der Autorin).

Aufgrund in Auftrag gegebener Studien (Pisa)[6] und deren mehr oder minder aussagefähigen Ergebnissen entwickelten die Ministerien der beteiligten Länder Bildungspläne, in denen klare Lernziele formuliert werden. Diese Bildungspläne wurden für sämtliche Bereiche, für Kindertageseinrichtungen über Schulen bis in den Hochschulbereich erarbeitet und werden regelmäßig entlang neuer Studienergebnisse aktualisiert (vgl. http://www.bildungsserver.de/Bildungsplaene-der-Bundeslaender-

---

6 Die Pisa-Studie (Pisa steht für Programme for international Student Assessment) wurde erstmals im Jahr 2000 durchgeführt und untersucht im dreijährigen Rhythmus die Leistungen fünfzehnjähriger SchülerInnen in den Bereichen Mathematischer-, Naturwissenschaftlicher-, und der Lesekompetenz (vgl. Pisa-Studie über http://www.oecd.org/berlin/themen/pisa-hintergrund.htm).

fuer-die-fruehe-Bildung-in-Kindertageseinrichtungen-2027.html) (Klammerangabe Anmerkung der Autorin).

Die innerhalb dieser Dokumente sowie des damit in Zusammenhang stehenden politischen Bildungs-Diskurses verwendete Sprachform und Ausdrucksweise macht einerseits deutlich, dass die Errichtung eines europäischen Bildungsraumes von bestimmten Vorgaben abhängt, deren Erfüllung der Bürger, jeder Einzelne und unabhängig von Geschlecht und Alter, einhalten muss, um Teilhaber zu sein. Zum anderen erzeugt diese Formulierung eine *Wirkung*, denn um diese Teilhabe zu gewährleisten, bedarf es einer sehr spezifischen Art und Weise der Wahrnehmung des Individuums sich selbst gegenüber und der des/der Anderen.

3.2 Der Mensch im europäischen Bildungsraum

Ausgehend von der Annahme, dass dieser europäische Bildungsraum als Bereich der sogenannten Wissensgesellschaft angesehen werden kann, stellt sich die Frage nach den „Bewohnern" dieses Raums (Masschelein, Simons, 2012, S. 10; vgl. Masschelein, Simons, 2012, S. 13).

Welches Menschenbild in diesem Gefüge gegenwärtig ist und wie es entsteht sind Grundlagen der Reflexion in diesem Abschnitt, exemplarisch dargestellt an der gegenwärtigen Situation von Studierenden und Lehrenden und im weiteren Verlauf bezogen auf die gesamte Bildungsbiographie des Menschen.

3.2.1 StudentInnen als Entwickler von Humankapital

Als Teilhaber an der lernenden Gesellschaft findet sich der Mensch in einem System wieder, das seiner persönlichen Lernentwicklung von der frühen Kindheit bis ins hohe Alter hinein strukturierte Angebote zur Verfügung stellt. Hinzu kommen Techniken und Instrumente, die in regelmäßigen Abständen erbrachte Leistungen kontrollieren und Wissensstände sowie Fertigkeiten dokumentieren (Bildungsdokumentation Kita/Portfolios/Funktionsgespräche usw.)[7]. Ziel des Einsatzes dieser Instrumente ist es persönliche Stärken aufzuzeigen, mögliche Schwachpunkte zu lokalisieren und herauszufinden, wie Optimierung möglich ist. Es geht um „die Entwicklung des menschlichen Kapitals“ (Masschelein, Simons, 2012, S. 17; vgl. Masschelein, Simons, S. 17) (Klammerangabe Anmerkung der Autorin).

Vor diesen Hintergründen ist auch das Verhältnis zwischen Studierenden und Lehrenden zu betrachten. Die Neuordnung des Hochschulwesens sieht eine detaillierte Vereinbarung zwischen der lehrenden Instanz und den Lernenden vor. Die Studierenden müssen sowohl zu Beginn als auch zum Ende des Studiums bestimmte Bedingungen erfüllen, die in der Studienordnung des jeweiligen Studiengangs verankert sind. Es gibt klare Vorgaben über Inhalt und Dauer der einzelnen Studiengänge sowie genaue Angaben zum Aufwand, um die geforderten Lernziele zu erreichen (siehe Studienordnung der Fachhochschule Bielefeld)[8]. Die lehrende Instanz hat dementsprechend ihrerseits die Auflage, das Lehrangebot und die Unterrichtsform danach auszurichten. Dies setzt einerseits voraus, dass sich die Studierenden ihrer vorhandenen Fähigkeiten sowie Fertigkeiten bewusst sind und entsprechende Entscheidungen treffen können, andererseits muss die lehrende Instanz ihr Angebot als eine Art Dienstleistung begreifen. Masschelein und Simons stellen diesbezüglich fest:

> „Der Lernende ist für sein Lernen und die Entwicklung seines Humankapitals somit selbstverantwortlich, jedoch schließt er mit anderen ein Abkommen über das Angebot einer Lernumgebung, die es ihm oder ihr gestatten, sein oder ihr Kapital zu entfalten und zu mehren“ (Masschelein, Simons, 2012, S. 18).

---

7 Bildungsdokumentationen gelten als Arbeitshilfen zur Dokumentation von Entwicklung und Bildung in Kindertagesstätten. Sie dokumentieren den Entwicklungsverlauf des einzelnen Kindes in unterschiedlichen Kompetenzbereichen.
Portfolios gibt es als Kompetenzdokumentation sowohl im Elementarbereich als auch in der Erwachsenenbildung Bildungsdokumentation in Kindertagesstätten. http://www.bildungsser ver.de/Arbeitshilfen-zur-Dokumentation-von-Entwicklung-und-Bildung-in-der-Kita-3044.htm l, aufgerufen am 12.11.2013 um 16:55 und Portfolio über http://www.die-bonn.de/doks/ bisovsky0901.pdf).

8 Die Studienordnung der Fachhochschule Bielefeld für den Studiengang Pädagogik der Kindheit gilt hier als exemplarischer Beleg (http://www.fhbielfeld.de/fb4/studierende/studien gaenge/Studiengang%20BA%20P%C3%A4dagogik%20der%20Kindheit).

An dieser Stelle drängt sich der Gedanke an die Individualität der Studierenden in den Vordergrund und die Frage danach, ob jede/r Studierende in der Lage ist, dieser Vorgabe zu entsprechen. Der Prozess der persönlichen Lernentwicklung im Konzept des Lebenslangen Lernens setzt ein hohes Maß an Selbststeuerungsfähigkeit voraus. Studierende im europäischen Bildungsraum müssen somit ein entsprechendes Profil besitzen. Zu diesem Profil gehört, dass Studierende das Lernen als

> „selbständig zu vollziehende Aktivität, die nur durch den/die Lernende(n) selbst auf der Basis seiner/ihrer individuellen Bedürfnisse und des individuellen Potentials gesteuert werden kann" (Masschelein, Simons, 2012, S. 18)

betrachten.

Gleiches gilt für die Lehrenden, zu deren Profil es gehört, unternehmerisch im Sinne von Anbietung einer Dienstleistung und Lernvereinbarung tätig zu sein (vgl. Masschelein, Simons, 2012, S. 18).

Wer also ist dieser Mensch im europäischen Bildungsraum und wer soll er den Erwartungen nach sein?

3.2.2 Zur Manifestierung eines Menschenbilds im europäischen Bildungsraum

Im gegenwärtigen bildungspolitischen Diskurs scheint das Konzept des lebenslangen Lernens vornehmlich in der Organisation des Lernens im Lebenslauf eines Menschen zu bestehen. Dies ist jedoch lediglich ein Gegenstand dieses Diskurses. Der Aufbau eines Bildungsraums bedeutet zugleich die Konstruktion eines Menschenbildes desjenigen Menschen, der diesen Raum bevölkern soll. Diese Konstruktion erfolgt über eine bestimmte Art des Sprechens und Schreibens über Bildung und Erziehung (vgl. Masschelein, Simons, 2012, S. 13).

Masschelein und Simons sprechen hier von einem „Regime", durch dessen Auswirkungen und Instrumente die Figur des/der unternehmerischen Studierenden sowie dienstleistenden Lehrenden überhaupt erst erscheint (Masschelein, Simons, 2012, S. 14; vgl. Masschelein, Simons, 2012, S. 19).

Entscheidend ist, welches Bild der einzelne Mensch von sich und anderen entwirft. Es entsteht eine Aufforderung, sich selbst und andere auf eine bestimmte Weise zu betrachten. Dies geschieht nicht durch eine benennbare Person oder Instanz, sondern entsteht durch den subtilen Aufruf eigene Bedürfnisse und Lernfähigkeiten aufzuspüren und diese entsprechend selbst zu verwalten und zu verantworten. Zeitgleich gilt es, andere Menschen in diesem Sinne als Kooperationspartner zu betrachten.

Dies bedeutet, der Mensch im europäischen Bildungsraum hat die Freiheit sich im reflexiven Vergleich zur gesellschaftlichen Umgebung seiner Bedürfnisse bewusst zu werden, um aus diesen Erkenntnissen seine nächsten Handlungsschritte einzuleiten und zu verfolgen. Im Kontext des Konzeptes Lebenslangen Lernens geschieht dies durch den Erwerb von Kompetenzen als Ziel von Bildung. Dieses Vorgehen ist durchaus im ökonomischen Sinne unternehmerisch zu nennen.

> „Unternehmerisch sein heißt, dass man aus knappen Mitteln (wie Zeit, Marktprodukten, Dienstleistungen) eine Auswahl trifft, um ein Gut zu produzieren, das die Vorlieben (Bedürfnisse) maximal befriedigen kann. Da Befriedigung von Bedürfnissen *produziert* wird, kann auch das Konsumverhalten als ein Unternehmen betrachtet werden. Auch der Unterrichtsbesuch ist dann unternehmerisches Handeln, da jemand Zeit in Ausbildung investiert, weil er/ sie erwartet, dass der Ertrag größer ist, als wenn er/ sie sich für etwas anderes entscheiden würde“ (Masschelein, Simons, 2012, S. 23 und 24).

Der Begriff Unternehmen beschreibt hier laut Masschelein und Simons nicht ausschließlich eine Organisationsform, sondern verweist ebenfalls auf eine Form von Aktivität. Lernfähigkeit und Lernbereitschaft sowie aufgenommenes Wissen bilden das Kapital (vgl. Masschelein, Simons, 2012, S. 24).

Das Unternehmertum im marktwirtschaftlichen Sinne stellt jedoch immer auch ein Risiko dar. Die Unvorhersehbarkeit von Marktentwicklung, die Möglichkeit, dass das erworbene Wissen nicht ausreichen könne, um die gewünschten Erträge zu erzielen, begleitet jede Unternehmung. Vor diesem Hintergrund erscheint eine Figur, die von Masschelein und Simons als „unternehmerisches Selbst“ bezeichnet wird. Dieses „unternehmerische Selbst“ versucht durch Lernleistungen die subjektiv bestmögliche Lebensqualität zu sichern. Das heißt, dieses „unternehmerische Selbst“ ist permanenten Existenznöten ausgesetzt, denen es ausschließlich durch entsprechendes Handeln und somit weiterer Lernleistung begegnen kann (Masschelein, Simons, 2012, S. 28; vgl. Masschelein, Simons, 2012, S. 28).

> „Diese Haltung oder Einstellung, für die Wissen und Fertigkeiten als eine Form von Kapital erscheinen, ist die einzige Chance, sich einer Ausschaltung zu widersetzen. Mehr noch, wer

nicht bereit ist, sich dem Kampf zu stellen (oder das Spiel zu spielen), hat bereits verloren" (Masschelein, Simons, 2012, S. 26).

Der Einfluss dieser Haltung auf das Zusammenleben von Menschen ist prägend für das sich abzeichnende Menschenbild. Der Mensch bewertet sich und wird bewertet nach seiner Zuträglichkeit zum Erfolg des eigenen Unternehmens. Erwartungen und Verpflichtungen bilden den Maßstab von Beziehungsgeflechten und deren Güte. Vertrauen und soziale Bindungen sind nicht mehr an sich wertvoll, sondern werden funktional im Sinne unternehmerischen Kapitals.
Auf diese Weise betrachtet kann das Konzept Lebenslangen Lernens innerhalb einer neoliberalen[9] Gesellschaft als bildungspolitisches Steuerungskonzept für die Bevölkerung verstanden werden. Dadurch entsteht für die Regierung eines demokratischen Staates ein nicht unerheblicher Vorteil durch den unternehmerischen Menschen und dessen Schaffung sozialen Kapitals. Demokratie lebt von der Selbstverwaltungsfähigkeit des Einzelnen.

3.2.3 Das eigene Leben als Projekt

Die Figur des „unternehmerischen Selbst" unterstützt durch ihre Haltung und der damit verbundenen Anhäufung von Kapital die Erhaltung demokratischer Werte, wie beispielsweise Wohlstand, Gesundheit und Sicherheit, für sich und andere Gesellschaftsmitglieder. Dies erledigt sie in eigenverantwortlicher Aktivität (Masschelein, Simons 2012, S. 28).

---

9 Der Liberalismus als Weltanschauung in Europa, zurückzuführen auf zentrale Ideen der Aufklärung, ist zu unterteilen in politischen und wirtschaftlichen Liberalismus. Der wirtschaftliche Liberalismus führte in Folge von Industrialisierungsprozessen und der Entwicklung eines kapitalistischen Wirtschaftssystems zu Verarmung und Verelendung breiter Bevölkerungsanteile. Die negativen Erfahrungen mit dem Liberalismus des Laissez-faire des 19. Jahrhunderts, als Wirtschaft dem freien Spiel der Marktkräfte ohne staatliche Einwirkung überlassen war, führten zum Übergang in den Neoliberalismus, der ein Minimum an staatlichen Eingriffen bezüglich der wirtschaftlichen Entwicklung zulässt.
In Deutschland spricht man bezüglich der Wirtschaftsordnung in der Regel von sozialer Marktwirtschaft, die auf Elementen der freien Marktwirtschaft fußt. Tatsächlich entspricht die Ausgestaltung jedoch den wirtschaftstheoretischen Vorstellungen des Neoliberalismus, sowie des Ordoliberalismus im Wesentlichen geprägt durch Walter Eucken und die Freiburger Schule (vgl. Neoliberalismus, Liberalismus über: www.bpb.de/wissen/g320f2).

Damit der Figur des „unternehmerischen Selbst“ dies gelingt, muss sie sich über das was sie aktiv unternimmt wahrnehmen und identifizieren. Ihr Leben wird zum Projekt. Das „unternehmerische Selbst“ behält ständig ein kritisches Auge auf die eigenen Leistungen, korrigiert sein Verhalten entlang reflexiver Auswertung der erwirtschafteten Erträge und überprüft seine sozialen Beziehungen auf ökonomische Zuträglichkeit zum eigenen Lebensprojekt (Masschelein, Simons 2012, S. 28).

Die Motivation die dieses Selbst braucht, um das eigene Leben auf diese Weise zu betrachten und zu führen, zieht es aus dem Gedanken der eigenen Verantwortung dafür, dass es selbst dafür sorgen muss und *kann* unter den vorhandenen Bedingungen ein glückliches und erstrebenswertes Leben zu führen. Gespeist wird dieser Gedanke durch ein immerwährendes spezifisches Sprechen und Schreiben über diese Prozesse der Eigeninitiative als Schlüssel zum Lebenserfolg. Im Memorandum über Lebenslanges Lernen lautet die Zusammenfassung der Aussagen unter 3.1 wie folgt:

> „Hauptakteure von Wissensgesellschaften sind die Menschen. Was in erster Linie zählt, ist die Fähigkeit der Menschen, Wissen zu produzieren und dieses Wissen effektiv und intelligent zu nutzen, und dies unter sich ständig ändernden Rahmenbedingungen. Wollen sie diese Fähigkeit voll entwickeln, müssen die Menschen bereit und in der Lage sein, ihr Leben selbst in die Hand zu nehmen und - kurz gesagt – aktive Staatsbürger zu werden. Lebenslange Aus- und Weiterbildung ist für alle der beste Weg, um den Herausforderungen des Wandels zu begegnen“ (Memorandum Lebenslanges Lernen, vom 30.10.2000 in Brüssel, S. 8).

Die Ausdrucksweise spricht den Menschen als verantwortlichen Akteur seiner eigenen Entwicklung innerhalb einer sich ständig verändernden Umgebung direkt an. Darüber hinaus wird eine im Superlativ bewertete Lösung angeboten, wie er dieser Anforderung begegnen kann, sofern er sich dafür entscheidet. Das Individuum, das auf diese Weise erscheint, ist weder natürlicher Art, noch philosophisch erdacht. Es ist ein Wesen, das durch die Bereitschaft entsteht das eigene Leben permanent durch Eigen- und Fremdbeobachtung, Evaluation und Dokumentation aktiv zu überprüfen und gegebenenfalls zu korrigieren. Individualität meint hier Steuerungsfähigkeit und nicht Selbstbestimmung; Verantwortung kommt einer Schuldigkeit gleich.

Masschelein und Simons sprechen in diesem Zusammenhang von Berechenbarkeit und Verwaltbarkeit des Individuums und dies nicht nur von außerhalb, sondern ebenfalls für sich selbst (vgl. Masschelein, Simons, 2012, S. 30).

Diese Verwaltung des Selbst auf dem Weg zur Realisierung und Gestaltung des eigenen Lebens meint kein Persönlichkeitsideal im Sinne eines humanistischen Menschenbilds, sondern vielmehr eine „Norm der Individualität“ selbst (Masschelein, Simons, 2012, S.30).
Der Mensch soll daran glauben, unbegrenzte Möglichkeiten zur Gestaltung des eigenen Lebensentwurfs zur Verfügung zu haben. Eine auferlegte Freiheit also, die den Menschen fordert, getroffene sowie zu treffende Entscheidungen, auch bezüglich des Lernens, als Ausdruck von Persönlichkeit zu begreifen (vgl. Masschelein, Simons, 2012, S. 30).

An dieser Stelle gilt es einen Perspektivwechsel vorzunehmen. Dieser löst sich vom Blick eines Systems auf das Individuum und fokussiert Menschen im Hinblick auf die Frage, ob sie sich in dem was von ihnen als Bewohner des europäischen Bildungsraums gefordert wird wiedererkennen können. Anders ausgedrückt: Entspricht die Einnahme einer Haltung zum beschriebenen Unternehmertum dem Menschen in seinem personhaften Sosein? Falls nicht, wie kann er sich angesichts seiner Umgebung aus der Aufforderung zur Selbststeuerung befreien und zur Selbstbestimmung gelangen? Welche Konsequenzen ergeben sich daraus für professionell tätige PädagogInnen innerhalb institutionell organisierter Bildung?
Diesen Gedanken und Fragen widmet sich der folgende Teil dieser Arbeit.

4 Charakterbildung und Verantwortung

4.1 Bildung und Charakterbildung als Prozess des Erlebens

Das Leben als gestaltbares Projekt wahrzunehmen hieße eine Berechenbarkeit zugrunde zu legen, die jegliche Form von unvorbereitetem Ausgesetzt-Sein ausschließt. Dem gegenüber steht ein Verständnis von Leben als Prozess des Erlebens, losgelöst von Prognosen. Die Verwirklichung des Seins als Mensch geschieht hier durch Begegnung und Kontakt, durch Berührung und Teilhabe. Durch ein *in und mit der Welt sein.*

Mit Welt ist laut Masschelein und Simons ein öffentlicher Raum gemeint, der einer Gemeinschaft gleichkommt, einem in Gemeinschaft sein (vgl. Masschelein, Simons, 2012, S. 98).

> „Das >>mit<< weist mit anderen Worten auf die einfache Tatsache hin, dass ich nicht alleine bin, dass mein Sein in der Welt ein Mit-Sein ist. Mein Sein oder Mich-Aufhalten in der Welt, so wie wir sie auffassen, ist unmittelbar ein Geteilt-Sein, eine Sache des Seins-Mit oder des Mit-Seins, eine Sache des Ausgesetzt-Seins. Die Welt ist der Raum zwischen uns, der Raum, der uns verbindet und uns einander aussetzt und den niemand besitzt. Sie ist der Raum, den sich niemand aneignen kann, der aber von einer Pluralität von Menschen geteilt wird, die nicht aufeinander zurückzuführen sind, nicht dieselben sind und von daher geteilt“ (Masschelein, Simons, 2012, S. 99).

Masschelein und Simons verweisen hier nicht nur auf die Einzigartigkeit des einzelnen Menschen, sondern zeitgleich auf dessen Ausgangspunkt von wo aus er auf etwas zugeht.

Diese Sichtweise kommt dem Bildungsbegriff Martin Bubers sehr nahe, den er auf der Einsicht begründet, dass man von etwas ausgehen muss, um auf etwas zuzugehen. Dieser Ausgangs-Standort, den Buber „Urwirklichkeit“ nennt, ist für ihn der Ursprung „bildnerischer Kräfte“, dessen Zugang die Bildungsarbeit finden muss (Buber, Reden über Erziehung, 2005, S. 53; vgl. ebd.).

Darüber hinaus stellt er fest, dass das, was ein Mensch dem jeweiligen Bildungsstoff entnimmt, nicht durch Prinzipien bestimmt werden kann, sondern

> „das Bestimmende ist hier unsere jeweilige Situation. Sie allein liefert das Kriterium der Auswahl: wessen der Mensch, der diese Situation da bestehen soll, unser wachsendes Geschlecht,

an Bildungsstoff bedarf, um sie zu bestehn, das und nichts andres ist der Bildungsstoff unsrer Stunde" (Buber, Reden über Erziehung, 2005, S. 54).

Auch für Buber ist Bildung nicht von „Welt" und deren Vielfalt an „Weltanschauungen" zu trennen. Bildungsarbeit im Sinne Bubers weist auf den Bestand einer realen Einheit hinter vieldeutigen Aspekten hin, maßt sich jedoch nicht an die vielfältigen „Weltanschauungen" durch „Welt" zu ersetzen. Die Entwicklung einer Person und somit auch deren Wirkung und Wirken innerhalb einer aus Beziehungen wachsenden Gemeinschaft hängt dennoch davon ab, wie weit der Mensch faktisch mit der Weltanschauungen deutenden Welt in Berührung kommt. Weltanschauungsfreies Lehren ist für Buber nicht nur nicht möglich, sondern auch nicht erstrebenswert (Buber, Reden über Erziehung, 2005, S. 54; vgl. Buber ebd.).

> „Aber es kommt, beim Lehrenden wie beim Lernenden, darauf an, ob seine Weltanschauung sein lebensmäßiges Verhältnis zu der >>angeschauten<< Welt fördert, oder ihm diese verstellt. Die Tatsachen sind; es kommt darauf an, ob ich sie so treu zu erfassen strebe, als ich vermag. Meine Weltanschauung kann mir darin helfen; wenn sie nämlich meine Liebe zu dieser >>Welt<< so wach und stark hält, daß ich nicht müde werde wahrzunehmen, was wahrzunehmen ist" (Buber, Reden über Erziehung, 2005, S. 55).

An dieser Stelle gibt es Parallelen zum humanistischen Entwurf Wilhelm von Humboldts bezüglich dessen Bildungstheorie. Humboldts Bildungsdenken gründet auf der Frage danach

> „was der Mensch ist und was aus ihm werden soll. Diese läßt sich aber nur beantworten, wenn zugleich die für jede Bildung konstitutive Relation, das Verhältnis des Menschen zur Welt, mitbedacht wird." (Menze, 1975, S. 28).

Für Humboldt ist die Bestimmung des Menschen eine Kraft, eine Energie, deren Vollzug Tätigkeit ist. Gegenstand dieser Tätigkeit ist Welt. Gemeint ist im Grunde stattfindendes Leben mit allem, was Mensch geschaffen hat oder womit er umgeht. Ohne diese Welt ist menschliche Existenz für Humboldt nicht denkbar. Geschaffen wird diese Welt durch den Menschen selber, durch die ihm innewohnende Kraft in Tätigkeit (vgl. Menze, 1975, S. 28).

> „Die Kraft in ihrer Tätigkeit schafft diese Welt; aber diese Welt selbst wirkt zurück auf diese Kraft und bestimmt sie. (...) Das Verhältnis des Menschen zur Welt läßt sich somit nicht als ein bloß statisches, unveränderliches fassen, sondern es handelt sich um eine Wechselbeziehung, in der sich Mensch und Welt verändern. Der Mensch kann gar nicht anders als weltgestaltend wirksam werden" (Menze, 1975, S. 29).

Buber und Humboldt stimmen also dahin gehend überein Bildung als lebenslangen Prozess des Seins und Werdens zu verstehen. Für jeden Menschen geht es darum, sich gewahr zu werden wer sie/er ist.

Zu diesem *Gewahrwerdungsprozess* gehört entsprechend die Entwicklung des persönlichen Charakters sowohl im Sinne einer Haltung, als auch einer Wesenserfassung.

Martin Buber unterscheidet in seiner Rede „Über Charaktererziehung" zwischen Persönlichkeit und Charakter eines Menschen. Ist es für Buber auch wesentlich, dass die/der Erziehende immer den „ganzen Menschen", sowohl im hier und jetzt als auch mit Blick auf die Entwicklungstendenzen, umfasst, macht er doch deutlich, dass die Persönlichkeit etwas ist, dass hauptsächlich außerhalb der Einwirkungsmöglichkeiten der/des Erziehenden wächst. An der Ausbildung des Charakters eines Menschen teilzuhaben sieht er als die größte Aufgabe der/des Erziehenden an, obgleich er auch hier auf die Grenzen bewussten Einwirkens aufmerksam macht (vgl. Buber, Reden über Erziehung, 2005, S. 66).

Wichtigste Voraussetzung der/des Erziehenden, im Sinne dieser Arbeit auch Lehrenden, ist ihre/seine „Unmittelbarkeit", ihre/seine „ganze unwillkürliche Existenz" (Buber, Reden über Erziehung 2005, S. 68; vgl. ebd.).

Die Authentizität der/des Erziehenden/Lehrenden ist in diesem Bereich menschlicher Entwicklung von größter Bedeutung, auch wenn sie/er nicht als einzige prägend auf den Charakter eines Menschen wirken, aber gerade weil sie ***willentlich*** teilhaben

> „und durch das *Bewußtsein*, eine bestimmte *Auswahl* des Seins, die Auswahl des >>Richtigen<<, dessen, was sein *soll*, dem werdenden Menschen gegenüber zu vertreten" (Buber, Reden über Erziehung, 2005, S. 69).

An dieser Stelle wird die Sensibilität dieses Entwicklungs-Bereichs deutlich, mit der Buber einerseits auf eine große Verantwortung der Lehrenden gegenüber der Lernenden hinweist, andererseits zugleich seine Achtung gegenüber der „Anderheit des Anderen" zum Ausdruck bringt (vgl. Bohnsack, 2008, S. 11).

Für Buber ist ein gereifter Charakter, ein Mensch der sich mit seinem Handeln zur und in der Welt reflexiv auseinandersetzt und daraus eine verantwortliche Haltung entwickelt, Voraussetzung um willentlich ErziehendeR/LehrendeR zu sein. Die absolute Anerkennung der Vielfalt menschlichen Seins bei gleichzeitig authentisch gelebter Haltung sich selbst gegenüber bedingen sich gegenseitig.

> „Zweierlei erwächst daraus für den Erzieher: zum ersten die Demut, das Gefühl, nur ein Element inmitten der Fülle des Lebens, nur eine einzelne Existenz inmitten all der unermeßlichen auf den Zögling einwirkenden Wirklichkeit zu sein, zum zweiten aber die Selbstbesinnung, das Gefühl, darin die einzige auf den ganzen Menschen einwirken wollende Existenz zu sein, und damit das Gefühl der Verantwortung für die Auswahl des Seins, die er dem Zögling gegenüber vertritt" (Buber, Reden über Erziehung, 11. Auflage 2005, S. 69).

Den einzig möglichen Zugang zur/zum Lernenden sieht Buber in dessen Vertrauen. Den vielfältigen, teils erschreckenden und enttäuschenden Erfahrungen junger Menschen in einer als unzuverlässig empfundenen Welt kann ausschließlich die „befreiende Einsicht" über eine „Wahrheit menschlicher Existenz" entgegentreten. Gemeint ist das Vertrauen (Buber, Reden über Erziehung, 2005, S. 70; vgl. Buber ebd.).

> „In der Sphäre des Vertrauens tritt an die Stelle jenes Widerstandes gegen das Erzogenwerden ein eigentümlicher Vorgang: der Zögling nimmt den Erzieher als Person an. Er fühlt, daß er diesem Menschen vertrauen darf; daß dieser Mensch nicht ein Geschäft an ihm betreibt, sondern an seinem Leben teilnimmt; daß dieser Mensch ihn bestätigt, ehe er ihn beeinflussen will. Und so lernt er *fragen*" (Buber, Reden über Erziehung, 2005, S. 70).

Die/der Lernende stellt die Fragen, vom unreifen zum reifen Charakter, nicht umgekehrt. In diesem Verhältnis sind es die Lernenden selber, die im Finden der Frage ein Problem definieren und dies aus *ihrer* Wirklichkeit heraus, was entscheidend ist für eine bestätigende, Vertrauen spendende Begegnung (vgl. Licharz, 1982, S. 335).

Bildung und Charakterbildung geschieht unter Berücksichtigung der persönlichen Lebenswelt der AdressatInnen. Ihr Konstrukt von Wirklichkeit auf der Grundlage persönlichen Erlebens findet absolute Anerkennung und offenbart sich durch Sprache.

4.2 Die Typologie des Enneagramms als Hilfe zum Verständnis Anderer

Um eine Vorstellung darüber zu erhalten, wie unterschiedlich Menschen sich selbst und ihr Sein zur Welt betrachten und als Form der Selbstbesinnung ist die Idee des Enneagramms sehr hilfreich. Es wirkt nicht nur in seiner Systematik schlüssig, sondern offenbart ebenfalls die Tendenz der Orientierung des unreifen am reifen Charakter. Sehr deutlich zeigt es, ebenso wie Buber in seiner Rede über Charaktererziehung, die Grenzen der Einflussnahme auf die Entwicklung von Persönlichkeit und Charakter auf. Die Idee des Enneagramms basiert auf einem dynamisch-dialektischen Modell von neun mustertypischen Unterscheidungsmerkmalen und deren untereinander bestehenden Verbindungen und Wechselwirkungen.

Jeder Mensch gehört einem Mustertypus an und entwickelt sich im Laufe seines Lebens innerhalb dieses Musters. Die Möglichkeiten dieser Entwicklung gelten als unendlich, das Grundmuster jedoch bleibt identisch. Gemeint ist der Charakter; das, was in die Seele geschrieben ist. Da innerhalb dieser Idee jeder Mensch eine Musterzugehörigkeit hat und jedes Muster ihm eigene Stärken und Schwächen aufzeigt, gilt absolute Gleichwertigkeit untereinander (vgl. Reifahrth, 2008, S. 22).

> *„Jedes Muster ist eine vollgültige und in sich absolut schlüssige Form der Existenz.* (…) Vermutlich ergibt die Summe der positiven und negativen Möglichkeiten in jedem Muster jeweils Null“ (Reifarth, Berlin 2008, S. 22).

Hier offenbart sich bereits die Annahme, dass die Auseinandersetzung mit dem eigenen Muster zum besseren Verständnis anderer Menschen führt.

> „Aus der Versöhnung mit dem So- Sein erwachsen die Neugier und die Energie, das Anderssein des Anderen sorgfältig und wirklich zur Kenntnis zu nehmen. Erst von hier aus wird eine Begegnung, die den anderen wirklich meint, möglich“ (Reifarth, Berlin 2008, S. 23).

Im Gegensatz zu anderen Persönlichkeitstheorien zeigt das Enneagramm gleichermaßen seelische Verstrickung als auch positive Wachstums- oder Integrationsrichtung präzise auf. Reifarth spricht hier von Verwicklungs- und Entwicklungspunkten (vgl., Reifarth, 2008, S. 40 und 41).

Die innere Dynamik der einzelnen Muster beschreibt die Wirkung existentieller Not, beziehungsweise in dialektischer Umkehrung dazu existentieller Sicherheit. Ein Mensch, der einer Belastung in einer stress- oder angstbesetzten Situation mit seinen ihm eigenen Abwehrmechanismen nicht mehr standhalten kann, verfällt in Verhaltensstrategien, die eher für einen Menschen anderen Musters typisch sind. Gleiches gilt für einen existentiell sicheren, also entspannten Zustand. Der Mensch wird dadurch kein anderer, nimmt jedoch etwas vom anderen in sich auf, mit dem er innerhalb des Enneagramms in Verbindung steht (vgl. Reifahrth, 2008, S. 55).

Eine mustertypische Leidenschaft, wie beispielsweise der Zorn im Muster Eins, verzerrt zudem den Blick auf die Welt, färbt also Grundannahmen bezüglich des Lebens und Seins. Hier offenbart sich die „Anderheit des Menschen" auf erfassbare Weise (vgl. Reifahrth, 2008, S. 56).

Um diese Anderheit tatsächlich zu erfassen und zuzulassen ist die Auseinandersetzung und schlussendliche Akzeptanz des eigenen Musters grundsätzliche Voraussetzung. Es ist die *Entwicklung* in Anerkennung der *Verwicklungen* des eigenen Charakters ohne den Anspruch auf Endlichkeit, aber dennoch im Sinne von Reife. Die Arbeit mit dem Enneagramm benötigt auf diese Weise betrachtet keine wissenschaftliche Anerkennung, sondern legitimiert sich durch die Möglichkeit einer heilsamen Wirkung sowie durch die Anerkennung des Menschen in seinem Sein.

Die wahrhaftige Auseinandersetzung mit der Idee des Enneagramms und somit mit dem persönlichen Charakter hält Antworten bereit, die die Verantwortung des eigenen Lebens erleichtern. Aus dieser Einsicht kann eine Haltung zum Selbst entstehen, die eine zugewandte, wohlwollende Anerkennung des Menschen in seinem *Sosein* sehr unterstützt.

5 Der Dialogische Ansatz Martin Bubers in Grundzügen

5.1 Das Verhältnis von Ich-Du und Ich-Es Beziehungen in Bubers Konzeption

Die Zuwendung des Menschen zur Welt und somit ebenfalls zu anderen Menschen geschieht nach Buber in zweierlei Grundhaltungen: die Ich-Du und die Ich- Es Haltung. Da diese „Grundworte", wie Buber sie nennt, immer auch das Ich enthalten, deutet dies auf die notwendig zwiefältige Haltung des Menschen zur Welt. Spricht der Mensch Du, wird das Ich dieses „Grundwortes" mitgesprochen, ebenso beim Es. Der Unterschied liegt für Buber in der Einbringung des ganzen Wesens. Für ihn kann das Grundwort Ich-Du nur mit dem ganzen Wesen gesprochen werden, während Ich-Es niemals mit dem ganzen Wesen gesprochen werden kann (vgl. Buber, Martin: Ich und Du, 1995, S. 3).

Eine Ich-Du Haltung bedeutet also ein wahrhaftiges zugewandt sein zur Einmaligkeit des Gegenübers. Exemplarisch ist hierfür die Liebe zwischen zwei Menschen in einer Partnerschaft. Buber meint jedoch nicht die diese Beziehung begleitenden Gefühle, sondern Verbundenheit, Unmittelbarkeit und Zweckfreiheit (vgl. Bohnsack, 2008, S. 10 und 11).

Für Buber steht der Du-sprechende Mensch in echter gegenwärtiger Beziehung, in einer *Begegnung*. Im Gegensatz dazu beschreibt er den Zustand des Ich-Es als den Bereich der Erfahrung. Diese Unterscheidung ist als grundlegend, jedoch nicht als bewertend zu verstehen im Sinne Bubers. Der Mensch befindet sich im stetigen Wechsel zwischen Ich-Du und Ich-Es. Jeder Mensch erfährt Welt, denkt über Begegnungen nach und darüber, was er währenddessen wahrgenommen hat. Menschen fühlen und werden sich ihrer Gefühle gewahr. All dies ist im wahrsten Sinne des Wortes menschlich. Doch es ist wohl die Zuversicht, die für Buber in der Möglichkeit der echten Begegnung liegt. Entscheidend ist, wie der Mensch mit allem, was er *erfährt* umgeht. Durch Achtsamkeit kann ein Ich-Es zu einem Ich- Du transformiert werden (vgl. Buber, Martin. Ich und Du, 1995, S. 5 und 9).

Jeder Mensch, so Bubers Einstellung, möchte mit allen ihm zugehörigen Eigenarten, seinem wesenhaften also, in seiner Existenz bestätigt werden. Diese „Bestätigung" sucht der Mensch nicht nur innerhalb seiner Familie, sondern darüber hinaus in jeglicher Begegnung. Durch wohlwollenden Blickkontakt kann die Annahme des Menschen, ein *Gesehenwerden* signalisiert werden. Für ihn ist die Annahme des Gegenübers in der Gegenwart, also im Hier und Jetzt im Sinne einer „Bestätigung“ jedoch lediglich ein erster Schritt (Buber in Bohnsack, 2008, S. 11; vgl. Bohnsack ebd).

Mit „Bestätigung“ meint Buber die uneingeschränkte Annahme des Anderen und all dessen, was „in ihm angelegt ist“ mit all seinen „spezifischen Möglichkeiten“ (Buber, ebd.).

Derartige „Bestätigung“ ist Ausgangspunkt für eine Begegnung auf Augenhöhe, einer wichtigen Grundlage des Dialogischen Ansatzes nach Buber. Eine solche Haltung lässt unterschiedliche Meinungen nicht nur zu, sondern akzeptiert deren Vorhandensein. „Bestätigung“ ist laut Bohnsack etwas, dessen der Mensch aufgrund der Offenheit und Unsicherheit seiner Existenz bedarf. Jeder Mensch kann und muss in seinem Leben ständig Entscheidungen treffen. „Bestätigung“ macht frei für diese Notwendigkeit (Buber in Bohnsack, 2008, S. 11, vgl. Bohnsack, ebd.).

Eine derartige Haltung Menschen gegenüber deutet auf eine liebevolle und einfühlsame Zuwendung hin, die nicht mit Liebe als gebotenem Gefühl zu verwechseln ist. Buber versteht darunter dem Menschen liebend zugetan zu sein in dem Bewusstsein, dass dieser ebenso „liebesbedürftig“ und „liebestatbedürftig“ ist wie er selbst (Buber in Bohnsack, 2008, S. 12).

Eine der kennzeichnenden Aussagen Bubers im Hinblick auf pädagogische Prozesse ist der Satz: „ich werde am Du; Ich werdend spreche ich Du“. Das Ich erwächst aus den Momenten der Begegnung. Für Buber ist die Entwicklung, also das Werden des Ich ohne Begegnungen im Ich-Du nicht möglich. Es entsteht für ihn aus der „Gegenseitigkeit der Vergegenwärtigung“, aus „Akzeptation“ und „Bestätigung“ (Buber in Bohnsack, 2008, S. 12, vgl. Bohnsack, ebd.).

Daraus gilt es Bubers Beziehungsbegriff abzuleiten. Für ihn ist die Beziehung, oder besser das *in Beziehung treten,* der Beginn oder Anfang jeglicher Begegnung und somit die schaffende Basis des Ich und des Du.

Buber versteht Du-Beziehungen nicht ausschließlich als Hinwendungen von Mensch zu Mensch, sondern ebenfalls von Mensch zu jedwedem anderen Gegenüber. In diesem Sinne kann das ansprechende Du ein Text, ein Gegenstand, eine Naturerscheinung, ein Tier, eine Pflanze, quasi alles durch Schöpfung vorhandene ein Du sein.

Kein Mensch jedoch kann dauerhaft in echter Begegnung, also im Ich-Du sein, doch bleibt es ihm überlassen, auf den „An- Spruch" innerhalb einer Ich-Du Begegnung zu antworten (Buber in Bohnsack, 2008,S. 22).
„Alle Antwort bindet das Du in die Eswelt ein" (Buber, ebd.).
Aus diesem Verständnis des Seins und Werdens, der echten Begegnung und dessen, was durch dieses Teilnehmen an Wirklichkeit auch nach der Begegnung im Ich und somit im Ich der Es-Beziehung bleibt und wirkt lässt sich Bubers Definition von Verantwortung, auch und gerade bezüglich der Pädagogik, ableiten.

5.2 Bubers Konzept der Verantwortung als Bildungsperspektive

Bubers Dialogischem Ansatz entsprechend setzt Bildung, betrachtet aus der Perspektive pädagogischer Bedürfnisse, einen personalen Charakter des Lernraums voraus. Es geht um die Förderung der Entwicklung von Personalität und damit zusammenhängend um Verantwortung.

Für Buber ist Verantwortung gleich der Antwort auf ein Angesprochen-Werden.

> „Echte Verantwortung gibt es nur, wo es wirkliches Antworten gibt. Antworten worauf? Auf das, was einem widerfährt, was man zu sehen, zu hören, zu spüren bekommt. Jede konkrete Stunde mit ihrem Welt- und Schicksalsgehalt, die der Person zugeteilt wird, ist dem Aufmerkenden Sprache" (Buber in Bohnsack, 2008, S. 25).

Diese scheinbare Selbstverständlichkeit könnte fast als alltägliche Routine im pädagogischen, also auch bildungspädagogischen Alltag betrachtet werden. Doch Buber meint den „Du-Charakter" dieses angesprochen Werdens, auch wenn oder gerade weil er sich aus einer alltäglichen Situation heraus ergibt. Für ihn vollziehen sich Anspruch und Antwort personal, als Zwiegespräch auf diese spezifische Situation und die Einmaligkeit des Gegenübers bezogen (vgl. Bohnsack, 2008, S. 25).

Nur aus dieser Haltung heraus kann sich für Buber das für die Bildung so grundlegende Vertrauen zwischen lehrendem und lernendem Menschen entwickeln.

Damit weist er zugleich darauf hin, dass ein solcher Lernraum nicht in Vorbereitung geschaffen werden kann. Es gibt keine Vorkenntnis über die in Zukunft zu erlebenden Situationen. Lehrende und Lernende sind insofern dem Kommenden ausgesetzt. Auf dieses *Ausgesetzt-Sein* gilt es spezifische Antworten zu finden im personalen Zwiegespräch. Hier, in der Fähigkeit auf die Herausforderungen alltäglicher Lebenssituationen in ihrer Einmaligkeit zu antworten, offenbart sich für Buber der „große Charakter" (vgl. Bohnsack, 2008, S. 25).

Der große Charakter zeichnet sich also einerseits durch Flexibilität und Kreativität aus und andererseits durch eine „Sicherheit in der Unsicherheit". Gemeint ist hier die Entscheidung darüber, was das Richtige ist. Kein Mensch vermag dies zu sagen, dennoch ist eine Haltung, die einer liebevollen Zugewandtheit im Sinne Bubers entspricht eine Orientierungsmarke (vgl. Bohnsack, 2008, S. 25).

Für Buber ist Verantwortung die praktische Beantwortung der täglichen Aufgaben. Darin wird für ihn die Daseins-Erfüllung gefunden. Die Unmittelbarkeit des im Du-Modus angesprochen Werdens und darauf zu antworten ist für Buber eine „Verantwortung vor dem Unendlichen". Gemeint ist die Wirkung, die dieses Antworten auf alltägliche Situationen und zu erfüllende Aufgaben bezüglich des Weltgeschehens hat.

5.3 Konsequenzen für das Verständnis von Pädagogik und Bildung

Durch Bubers Unterscheidung von Ich-Du und Ich-Es Haltungen ist eine Möglichkeit gegeben, aktuelle institutionelle Bildung und deren pädagogischen Anteil aus einer Perspektive zu betrachten, die außergewöhnlich anmutet.

Außergewöhnlich deshalb, weil sie zum einen von einer Grundhaltung ausgeht, die humanistisch betrachtet niemals an Aktualität verlieren kann. Zum anderen, weil sie von in sämtlichen Bereichen institutioneller Bildung tätiger Personen, von der Kindertagesstätte bis zur Hochschule und jeglicher Form der Erwachsenenbildung, einnehmbar ist.

Angesichts dessen fordert der Dialogische Ansatz Martin Bubers in Zeiten lebenslangen Lernens geradezu zu einer Auseinandersetzung heraus.

Bubers Unterscheidungen in Du- und Es-Beziehungen lassen sich auf jedweden Umgang von Personen untereinander, auch und gerade, wie bereits beschrieben, bezüglich des Verhältnisses Lernender zu Lehrenden anwenden.

Die Konsequenzen für das Verständnis von Pädagogik und Bildung ergeben sich aus der Haltung. Der lernende Mensch erfährt durch die echte gegenwärtige Begegnung „Akzeptation" und „Bestätigung" in seinem *Sosein.* Er wird in all seiner Eigentümlichkeit und Beschaffenheit wahrgenommen, mitsamt der Art und Weise, wie er den Herausforderungen seines alltägliches Lebens begegnet. Dem entgegen steht die „Behandlung" der Lernenden als „Belehrungs-Objekte", die marktgerecht im Sinne einer Dienstleistung gebildet werden (Buber in Bohnsack, 2008, S. 60) (vgl. Bohnsack 2008, S. 60).

Im Sinne Bubers ist die personale Erkenntnis der objektiven Betrachtung, welche die derzeitigen institutionell organisierten Bildungsprozesse bestimmen, grundsätzlich vorzuziehen (vgl. Bohnsack 2008, S. 60).

Alle Erkenntnis, die der Mensch beispielsweise interpretierend aus einem Text zieht, ist bedingt durch die Biographie, durch das Sein des Menschen. Dies bedeutet, dass Lehre sich nicht durch bloßes belehren oder belehrt werden vollzieht, sondern durch Wahrnehmung in Beziehung. Interpretiert die/der Lehrende einen Text, so haben die geschriebenen Worte eine Wirkung auf sie/ihn. Zu diesen wirkenden Kräften kann die lernende Person geführt werden (vgl. Buber, 2005, S. 56).

> „Personal wirkt nach Buber primär nicht die verbale Mitteilung, sondern die vorgelebte Menschlichkeit und damit zugleich eher ein Tun, ein Handeln, welches die Sinnerfahrung des Erziehers ‚verkörpert' " (Bohnsack, 2008, S. 61).

Bezogen auf die unter Punkt 3.2.2 genannten subtilen Aufforderungen im Konzept des Lebenslangen Lernens könnte eine solche Haltung die Lernenden zu einer Kontaktaufnahme mit den eigenen Bedürfnissen führen. Kontakt ist hier im gestaltpädagogischen[10] Sinne als ein „in Berührung sein" gemeint. Ein mit sich „in Berührung

---

[10] Gestaltpädagogik ist als Teil der humanistischen Pädagogik grundlegend aus den Konzepten der Gestalttherapie entstanden. Sie erkennt Lernen und Lehren im Sinne eines ganzheitlichen

sein“ schafft die Möglichkeit ein Unbehagen, das beispielsweise durch eine subtile Beeinflussung aufkommt, zu erspüren, ihm *gewahr* zu werden. Das gleiche gilt für das Erfassen und erspüren von Wohlbefinden und Ästhetik. Auf diese Weise erfüllt sich das Werden des- oder derjenigen, die/der man ist, die *Person* entwickelt sich und ist durch diese Prozesse der Gewahrwerdung erst in der Lage Lösungen zu finden und somit Wohlbefinden zu sichern (Muth, Cornelia: Dialogische Pädagogik über: http://www.gestalt.de/muth_paedagogik.html; vgl. Muth, ebd.).

Im pädagogischen Kontext ist für Buber das „Da-sein“ der Lehrenden in Form von echter Begegnung im Du von größter Bedeutung. Damit ist nicht gemeint, dass jeder Mensch innerhalb pädagogischer Beziehungen ständig im Du-Modus verweilen muss, was gar nicht möglich wäre. Vielmehr geht es um die absolute Akzeptanz der Lernenden und deren spezifischer Lebensaufgaben, es geht um die Wertschätzung ihrer Einmaligkeit, um ein Eintreten in echte Wechselwirkung (Buber in Bohnsack, 2008, S. 63).

> „Eben dies meint Bubers zentraler Satz des ‚Ich werde am Du‘: Dieses *Du* ist ebenso wenig ein Festgelegtes und als solches gesichert Handhabbares (Es) wie das *Ich* der Beziehung, womit erneut auf den existentiellen Charakter der Du- Beziehung, hier der pädagogischen, hingewiesen ist“ (Bohnsack, 2008, S. 63).

Das momentane Erleben der Zuwendung im Du kann als Erfahrung im Es erhalten bleiben und wirken. Das gegenseitige Vertrauen löst sich nicht auf, wenn der Du-Moment vorbei ist. Widmen sich die Lehrenden also ihren Lehraufträgen oder anderen Lernenden zu, bedeutet dies nicht den Verlust der bis dahin gewonnenen Sicherheit durch Vertrauen der/des Einzelnen.

Pädagogik und Bildung im Sinne Bubers meint somit nicht reines Anhäufen von Wissen, sondern echte Erkenntnis durch Wissen für das Einnehmen und Leben einer humanistischen Haltung. Die Lehrenden mit ihrer durch Selbstbesinnung gewonnenen Haltung, mit ihrem „Konstrukt von Wirklichkeit“ wirken auf die Lernenden und deren „Selbsterziehung“ (Muth, Cornelia: Dialogische Pädagogik über: http://www.gestalt.de/muth_paedagogik.html; Bohnsack, 2008, S. 66).

Gemeint ist die Reifung eines Menschen zur echten Person.

Begegnungsprozesses auf den Ebenen Fühlen, Denken und Handeln (vgl. Burow über: http://www.olaf-axel-burow.de/index.php/forschung/gestaltpaedagogik).

Vor diesem Hintergrund ist Bildung bei Buber und Humboldt ebenfalls als ein Prozess des lebenslangen Lernens anzusehen, jedoch nicht als Konzept, das eine Immunität zum Ich als Voraussetzung einer erfolgreichen Bildungskarriere im ökonomischen Sinne fordert, sondern im Gegenteil, in der Gewahrwerdung des Ich, der Menschwerdung.

Für Buber liegt der entscheidende Aspekt in der Definition dessen was Bildung ist in der Haltung des Menschen zum Menschen, was ihn von Humboldt unterscheidet oder möglicherweise dessen Ausgangspunkt seiner Bildungstheorie optimiert. Bubers Dialogischer Ansatz sieht das Ich des Grundwortes Ich-Du als ein am wirklichen Leben teilnehmendes.

> „Dieses Ich ist Person und sich durch Subjektivität bewusst: >>Eine Person erscheint, in dem sie zu anderen Personen in Beziehung tritt<<. Die Person ist und erkennt ihr Sein. Das Eigenwesen freilich entfernt sich vom Sein. Es sieht sich in seinem Leben festgelegt und schreibt sich eine feste Identität zu und sagt von sich selbst: >>So bin ich<<. Die Person dagegen nimmt am sein der Anderen teil und erkennt sich dabei selbst und sagt: >>Ich bin<<" (Muth, Cornelia: Nicht für die Theorie, sondern für das Leben erkennen wir über: http://www.gestalt.de/muth_theorie_leben.html).

Für Buber vollzieht sich in dieser Du-Begegnung die echte Menschwerdung, die Entwicklung der Person. Erst als Person kann der Mensch in echte Gemeinschaft eintreten und ebensolche leben. Um Person zu werden ist es für den einzelnen Menschen notwendig seine existentielle Situation von „sozialer Heimlosigkeit, Weltangst und Lebensangst" als „Daseinserfassung der Einsamkeit" anzuerkennen (Buber in Muth, Cornelia: Gemeinschaft als das echte Dritte über: http://www.gestalt.de/muth_gemeinschaft.html; vgl. Muth ebd.).

> „Insbesondere der Zustand der Angst und der Prozess der Vereinsamung treiben den Menschen in den Individualismus oder in den Kollektivismus. Gibt der Mensch im letzteren sein Selbst auf, verneint er im ersten sein Bindungsbedürfnis. In beiden Formen findet der Mensch keinen ‚Anschluß des Menschen an den Menschen' " (Buber in Muth, Cornelia: Gemeinschaft als das echte Dritte über: http://www.gestalt.de/muth_gemeinschaft.html).

Die aus diesem Prozess entstehende echte Gemeinschaft findet im Konzept des Lebenslangen Lernens innerhalb des europäischen Bildungsraums nicht statt, denn das selbstverwaltete Ich gibt sein Selbst auf *und* verneint sein Bindungsbedürfnis. Es wird in gewissem Sinne zum kollektiven Individuum oder, anders ausgedrückt, es erfüllt die „Norm der Individualität" (Masschelein, Simons, 2012, S.30).

Dieser Mangel an echter Gemeinschaft drückt sich in einem, wie Masschelein und Simons beschreiben, „Unbehagen über den europäischen Bildungsraum“ aus. Geduldet ist nur, wer bereit und in der Lage ist eine aktive unternehmerische Haltung zum Selbst einzunehmen, was Kinder als Mitglieder kategorisch ausschließen würde. Hier greift die Bereitschaft der in institutionellen Bildungseinrichtungen tätigen professionellen PädagogInnen. Indem sie Kinder zu dieser Haltung führen sowie die Entwicklung der hierfür nötigen Kompetenzen gewährleisten, oder doch zumindest dokumentieren, unterstützen PädagogInnen ihre AdressatInnen in der Entfremdung ihres Ichs (Masschelein, Simons, 2012, S.87; vgl. Masschelein, Simons ebd.).

Nach dem Verständnis Bubers käme dies einer Lehre gleich, die durch die Weltanschauung der/ des Lehrenden der/dem Lernenden die Sicht auf die Welt verstellt (vgl. Buber, Reden über Erziehung, 2005, S. 55).

Masschelein und Simons sprechen in diesem Zusammenhang von einem „immunisierten Blick“ (Masschelein, Simons, 2012, S.103).

> „Für den immunisierten Blick, den die unternehmerische Disposition ins Leben ruft, ist die Last (gemeint ist der Mangel an echter Gemeinschaft) nur nicht sichtbar. Aber aus einem anderen Blickwinkel, einer anderen Haltung oder einer anderen Beziehung zum Selbst kann es geschehen, dass wir dieser Last und der Frage nach dem Zusammenleben ins Auge blicken müssen“ (Masschelein, Simons, 2012, S.103 und 104) (Klammerangabe Anmerkung der Autorin).

Es gilt als Mensch eine Haltung zu finden und einzunehmen.
Dialogische Pädagogik kann hier unterstützend wirksam werden.

6 Relevanz für die pädagogischen Handlungsfelder

6.1 Dialogisches Handeln in der pädagogischen Praxis

Dialogisches Handeln in der pädagogischen Praxis setzt eine dialogische Grundhaltung der PädagogInnen voraus.

Diese Grundhaltung entwickelt sich zunächst durch das hermeneutische Verstehen dessen, was aus dialogphilosophischer Sicht ein echter Dialog bewirkt und der Grundannahme, dass jeder Mensch zwar fähig, jedoch nicht zwangsläufig offen ist für den Dialog.

Der Mensch in seiner, wie Buber sagt, „zwiefältigen Haltung" ist dialogfähig in der echten Begegnung, dem Ich-Du. In dieser Situation geschieht Gegenwart in lebendiger Teilnahme von Mensch zu Mensch. Menschen bestätigen sich gegenseitig in ihrem Selbst und erfahren eine „ontologische Sicherheit" (Buber, Ich und Du, 1995, S. 3; Muth, 2011, S.85).

Diese Sicherheit ist von existentieller Bedeutung. Sie ist Voraussetzung, um als Mensch wirklich existent leben zu können und nicht an der eigenen Existenz vorbei zu leben.

> „Ziel dialogischen Handelns ist das Mit-Geschehenlassen einer Wirklichkeit, die als Struktur nicht erkennbar und deswegen kaum materialisierbar ist. Dadurch, daß der Mensch sie nicht kontrollieren kann, braucht er Vertrauen in die noch nicht bestimmbare Zukunft oder in die zukünftige Gegenwart. Für ein „Vertrauen-Geben" braucht der Mensch ein Ich mit seinem „personenhaften Sein", das einem anderen Ich als Du begegnet. Passiert dies wechselseitig, geschieht dialogisches Handeln" (Buber in Muth, 2011, S. 50; Muth ebd.).

Dialogisch orientierte PädagogInnen sind sich dessen bewusst und entwickeln aus dieser Haltung ihr Handeln. In personenhafter Verantwortung treten sie an die ihnen anvertrauten Menschen heran.

Von anthropologischen Grundannahmen ausgehend basiert ihr pädagogisches Handeln auf dem Vorhandensein dessen, was Buber den menschlichen Urhebertrieb und den Verbundenheitstrieb nennt. Menschen, kleine wie große, *wollen* eigenständig an der Entstehung von Dingen teilhaben.

> „Das ist nicht bloße Schaulust an dem Entstehen einer Form aus einer eben noch formlos anmutenden Materie: wonach das Kind verlangt, ist der eigene Anteil an diesem Werden der Dinge; es will das Subjekt dieses Produktionsvorgangs sein. (...) [W]orauf es ankommt, ist, daß durch die intensiv empfundene eigene Handlung etwas entsteht, was es vorhin, was es eben erst noch nicht gegeben hat" (Buber, Reden über Erziehung, 2005, S. 16) (Klammerangabe von der Autorin).

Gemeint ist nicht ein kreativer Schaffensprozess ausschließlich künstlerischen Tuns, vielmehr geht es um Kreativität in der Definition des amerikanischen Psychologen Rollo May: „the process of bringing something new into birth" (May in: Licharz, Werner (Hrsg.): Im Dialog mit Martin Buber, 1982, S. 331).

Es geht also um den Prozess etwas bisher nicht Dagewesenes ins Leben zu bringen. Dieser Prozess ist als ein allgemein umfassender zu verstehen. Er bringt sich sowohl in Bereichen menschlicher Aktivität, ganz gleich ob denkender oder künstlerischer, als auch im Hinblick auf die Persönlichkeit eines Menschen zum Ausdruck. Jeder Mensch, ohne jegliche Einschränkung, wird von diesem Prozess umfasst (vgl. Licharz, 1982, S. 331).

Rogers präzisiert diese Definition wie folgt:

> „Das tatsächliche Auftauchen eines neuen bezogenen Produkts, das einerseits entstanden ist aus der Einmaligkeit des Individuums und den Materialien, Ereignissen, Menschen und Lebensbedingungen andererseits" (Rogers in: Licharz, Werner (Hrsg.): Im Dialog mit Martin Buber, 1982, S. 331 und 332).

In dieser Definition taucht bereits die beeinflussende Umwelt auf. An dieser Stelle knüpft die dialogische Pädagogik in einer besonderen Weise an.

Es geht der dialogischen Pädagogik nicht um die Hinwendung zum Urhebertrieb, sondern vielmehr um das, was zwischen den Menschen aufgrund dieser schaffenden Kreativität entsteht. Der Ausdruck des Selbst im Vollzug dieses Schaffens und dessen Bestätigung durch die PädagogInnen begründen das pädagogische Verhältnis. Es geht um die eine Person in ihrem Sein und Schaffen bestätigende und dadurch Vertrauen aufbauende Substanz in der zwischenmenschlichen Beziehung (vgl. Muth, 2011, S. 95).

> „Dialogorientierte PädagogInnen wollen den Menschen Bestätigung geben, die das Produkt nicht geben kann, weil der Mensch allein Ur-Heber bzw. Ur-Heberin ist. Der Mensch begegnet während der Produktion mit seinem Werk der Welt, aber er begegnet dem Menschen nicht.

> Folglich unterstützen PädagogInnen die schaffenden Menschen und bieten ihnen das dazugehörende Ich-Du an" (Muth, 2011, S. 95).

Diese Haltung impliziert bereits die Achtsamkeit, mit der PädagogInnen bezüglich des Schaffens eines ihnen anvertrauten Menschen umgehen. Es ist von eminenter Bedeutung, *wie* sie diesem Schaffen begegnen. Kommt es zu einer Wertung, innerhalb derer die PädagogInnen von ihrer Erkenntnis als die allein richtige ausgehen und entsprechende Kritik am Produkt des Menschen üben, können Resignation oder Rebellion die Folge sein. Die Menschen suchen nach dem was richtig ist, aber sie gehen von ihrer eigenen Wirklichkeit aus. Hierin bestärken dialogorientierte PädagogInnen die Menschen, indem sie nicht produktorientiertes Lernen in den Mittelpunkt des Lebens rücken, sondern die Sehnsucht des Menschen nach Verbundenheit.

6.2 Die Notwendigkeit einer pädagogischen Identität

Dialogisch orientierte PädagogInnen sind sich entsprechend der sozialen Wirkung ihres pädagogischen Handelns bewusst.

Dies setzt ein Bewusstsein, ein Gewahrsein des personalen Ich der PädagogInnen voraus. Es geht um die Wahrnehmung des zwiefältigen Ich und der daraus resultierenden Fähigkeit zur Selbstreflexion (vgl. Muth, 2011, S. 142).

In der Zuwendung zur eigenen Biographie erfahren PädagogInnen dass und wie ihre Identität durch Wahrnehmen und Handeln bestimmt wird. Sie wissen, wie sich dies auf transkulturelle Lernvorgänge auswirkt. Aus diesem Bewusstsein heraus entwickeln sie die Haltung zu ihrem Gegenüber. Es ist ein Zugestehen, ein uneingeschränktes Anerkennen der einmaligen Biographie und somit der Einmaligkeit der Lernvorgänge des Anderen (vgl. Muth, 2011, S 143).

> „Entscheidend für eine solche Fähigkeit ist jedoch das Bewußtsein über das eigene Ich, weil es eine Bedingung für den Dialog bildet. Das erkennende Handeln spiegelt die Ich-Es und Ich-Du Haltung des Ich wider und bildet dadurch den pädagogischen Rahmen" (Muth, 2011, S. 143).

Diese Fähigkeit ist das *Vertrauen spendende* innerhalb der pädagogischen Beziehung. Dieses Vertrauen entwickeln PädagogInnen jedoch nur durch Selbstsicherheit und den festen Glauben an Zwischenmenschlichkeit.

6.3 Dialogische Grundhaltung und Dialogfähigkeit

Ausgehend von der Annahme dass jeder Mensch ein ihm eigenes „Realverhältnis zur Wahrheit" hat, erkennt die dialogische Pädagogik eine Pluralität gegenüber der Wahrheitsfrage an. Handelnd umgesetzt geschieht dies in der echten Begegnung, der Du-Begegnung, die eine Erfassung des Verhältnisses des Anderen zu dessen Wahrheit möglich macht. Für Buber ist Wahrheit nicht absolut sondern relativ und zudem nicht zu besitzen. Hierin begründet sich die Dialogische Grundhaltung und bestätigt die uneingeschränkte Anerkennung zwischenmenschlicher Unterschiedlichkeit als eine grundlegende Voraussetzung zum Dialog. Dialogisches Handeln und pädagogisches Verantworten sind dementsprechend in direktem Zusammenhang zu verstehen, Ziele und Handlungen stimmen überein (vgl. Muth, 2011, S. 70 und 71).

In diesem Sinne ist der Lehr- und Lernweg als dialogische Bildungstheorie zu verstehen, der es um die in der Dialogik angelegten Erneuerung der Lebenspraxis geht (vgl. Muth, 2011, S. 70).

> „Die in jeder Bildungstheorie immanente Ideologie soll in der Dialogik mit der in der Bildungspraxis übereinstimmen. Denn es geht (...) um die Verwirklichung eines „utopischen Sozialismus", der den Menschen in der Wirklichkeit gerecht wird. Dialogische Bildungstheorie und deren Praxis will auf eine Ur- Wirklichkeit des Menschen hinweisen" (Muth, 2011, S. 70).

Die jeweilige Weltanschauung wiederum offenbart sich in dem für wahr erkannten des Menschen. Die Unterscheidung dessen, was Welt ist und die Vielfalt an Weltanschauungen ist eines der Ziele dialogischer Pädagogik. In diesem Sinne klären dialogische PädagogInnen ihre Verantwortung gegenüber ihrer Klientel selbst (vgl. Muth, 2011, S. 71).

> „Ihre Antworten auf die Welt, auf ihre Mitmenschen und auf die Offenheit der Zukunft oder transzendente Haltung zu einem ewigen Du spielen eine entscheidende Rolle für die Bildungspraxis. Ihr pädagogisches Verantworten gegenüber dem Leben wird Lehre und realisierende Handlung ihrer Bildungstheorie, deren Ideologie eine lebenspraktisch transzendente Haltung ist" (Muth, 2011, S. 71).

Dialogorientierte PädagogInnen möchten innerhalb pädagogischer Praxis so viel Zwischenmenschlichkeit wie möglich verwirklichen.

Dies geschieht in Anerkennung personaler Grenzen, denn der Mensch kann nicht mit allen Menschen eine dialogische Beziehung führen, ohne sein einzigartiges Selbst zu verlieren. Die zwischenmenschliche Dynamik der jeweiligen Situation hat „leibsinnliche“ Erfahrungsgrenzen, die es zu respektieren gilt, auf beiden Seiten (Muth, 2011, S. 67; vgl. Muth ebd., S. 67 und 71).

DialogpädagogInnen erkennen in der Welt zunehmender Es-Beziehungen eine „Krise des Zwischen“. Echte zwischenmenschliche Begegnungen im Ich-Du werden als Erfahrung zum Ich-Es, wenn nicht der Mensch daraus seine Zuversicht gewinnt, etwas für das Leben erkannt zu haben (Buber in Muth, 2011, S. 72; vgl. Muth, ebd.).

> „Transkulturelle Erkenntnis selbst ergibt sich aus dem Akt des Anschauens eines Gegenübers, wenn sich dem Erkennenden das Wissen erschließt. Die Erkenntnis ist eine Fähigkeit, die Welt ‚auszuerkennen‘. Der Geist der Erkenntnis zeigt sich im gegenwärtigen und gesprochenen Wort. Darin liegt das Geheimnis der sinnvollen geistigen Lehre. Es geht nicht um die Vermittlung von Erkenntnissen, sondern darum, ‚...wie im Geist, im Angesicht des Du, gelebt wird‘ “ (Buber in Muth, 2011, S. 72; Muth, 2011, S. 72).

Eine dialogische Grundhaltung im pädagogischen Kontext bedeutet also nicht, dass PädagogInnen dialogisch vollkommen sind oder sein müssen. Vielmehr geht es um die Annahme der AdressatInnen in ihrer Verbundenheit zur Welt. DialogpädagogInnen finden durch Kontakt im Sinne von Berührung mit dem Selbst ihre eigenen Antworten auf ihr Handeln und Sein. Diese Antworten nehmen sie als Verantwortung gegenüber ihren Mitmenschen ein. Lernen ist in diesem Sinne nicht als reines Aufnehmen von Wissen zu verstehen, sondern als das Wiederbeleben des Ich durch Bestätigung des Du. Aus diesem Vertrauen wächst neue Verantwortung und somit die Basis echter Gemeinschaft.

7 Abschließende Betrachtung

Im Sinne der Erkenntnisse dieser Arbeit kann Bildung nicht losgelöst von Prozessen der Menschwerdung definiert werden. Eine Bildung als solche anzuerkennen, die mich auffordert das Wachstum meiner Subjektivität zu unterdrücken, hieße mein Selbst zu verkrümmen.

Damit ist nicht gemeint, dass Wissen als solches erlässlich oder sekundär sei. Wichtig ist, welche Erkenntnisse ich durch den Erwerb und die Aneignung von Wissen erlange und wie ich diese in Verantwortung zu meinen Mitmenschen und meiner natürlichen Umgebung lebe. Es geht um die Entwicklungsmöglichkeit meines Charakters und einer daraus resultierenden Haltung Menschen gegenüber. Ich muss mich sprichwörtlich zu Jemandem oder Etwas *verhalten.*

Bildung sollte auch nicht zweckgebunden verstanden werden, sondern als das komplexe Erfassen kausaler Zusammenhänge, die das Wissen irgendwann oder auch an einem anderen Ort zum Zweck machen. Ein Beispiel aus Konrad Paul Liessmanns Buch „Theorie der Unbildung" verdeutlicht dies sehr prägnant:

> „Es gab Zeiten - so lange sind sie noch nicht vorbei -, da galt Orientalistik als ein Orchideenfach, auf das so mancher Bildungsplaner glaubte verzichten zu können. Nach dem 11. September 2011 war alles anders, und Grundkenntnisse des Arabischen und der Geschichte des Vorderen Orient avancierten zu einer höchst begehrten Kompetenz" (Liessmann, 2010, S. 29).

Es gilt also allgemeine Attitüden auch aus der Wissenschaft herunter zu deklinieren auf die Subjektivität.

Der europäische Bildungsraum und die sich darin manifestierende Definition von Bildung verlangt von mir eine Wertschätzung meines Umgangs mit Informationen die handlungsrelevant sind um Bedürfnisse zu befriedigen, die ich selbst geschaffen habe. Dies bedeutet, dass ich durch das geschickte Anhäufen aktuellen Wissens dafür sorge, meinen Lebensstandard zu sichern. Zeitgleich sichere ich dadurch meine Teilhabe an der Gesellschaft, denn nur auf diese Weise bin ich geduldetes Mitglied. Scheitere ich, verliere ich an Attraktivität, was ich mir selbst zuzuschreiben hätte, da ich trotz aller Möglichkeiten die falschen Entscheidungen getroffen habe. Vor diesem Hintergrund sind im Sinne von Inklusion alle bedacht, das System jedoch ist von jeglicher Verantwortung befreit.

Diese Form der Homogenität stigmatisiert und macht deutlich, wie wichtig ein eigener biographischer Bildungsweg im Hinblick auf Bildung ist.

Die Angst vor dem Scheitern ist zur subtilen Herrschaft geworden. Ich oder auch wir bemerke/n unsere wirklichen Freiheiten nicht mehr. Wir werden immun gegenüber entsprechenden Signalen und stellen nicht das System, sondern zunächst einmal uns selbst in Frage.

Wir führen und prüfen uns Selbst.

Diese Effizienz können wir auch anders nutzen. Wir können Systeme, Werte und Bedürfnisse kritisieren und auf deren Sinnhaftigkeit überprüfen. Wir können zu unserem eigenen Verhalten in Distanz gehen und uns fragen, was wir wirklich brauchen statt in selbstgewählter Kontrollgesellschaft zu verharren.

Wir haben die Freiheit unser eigenes Erkenntniswissen zu formulieren und Lebensfreude zu entwickeln durch Wahrnehmung und in Anerkennung unserer personalen Subjektivität. Bildungsbiographien und individuelles Erkenntnisvermögen sind einzigartig und subjektabhängig. Diese Freiheit haben wir jederzeit, wir müssen nicht mit Schicksalen oder Erziehungsidealen unserer Eltern oder PädagogInnen hadern. Wir können aus der Distanz feststellen, wo wir uns von uns entfremdet haben und entscheiden, uns selbst wahrnehmend zugewandt dorthin zurück zu gehen, um erlebte Erfahrungen bewusst in unsere Biographie zu integrieren.

Für PädagogInnen in allen Bereichen institutioneller Bildung gilt es in einem selbstbewussten Sinne, also in Kenntnis und Bestätigung des eigenen Charakters als ein Sosein, diese Haltung gegenüber ihren AdressatInnen uneingeschränkt zu vertreten. Diese Haltung mir selbst und anderen gegenüber ermöglicht eine emanzipierte Entscheidung darüber, wer wir im öffentlich politischen Diskurs über Bildung sein wollen: Humankapital oder verantwortungsbewusst Gestaltende der Gegenwart. Opfer oder Mitverantwortliche für Regeln der Demokratie.

Der Begriff Bildung lässt sich durch diese Arbeit nicht eindeutig erfassen, da unterschiedliche wissenschaftliche Disziplinen diesbezüglich nicht miteinander verglichen wurden. Aus philosophisch pädagogischer Perspektive konnte ich meine These dennoch insofern belegen, dass Bildung für die Vermittlung und Übernahme von Verantwortung zwischenmenschlichen Raum zur Charakterreifung braucht. Bildung geschieht durch Selbstsorge und Selbstfürsorge in analoger Anerkennung und Verantwortung, diese in meinem Gegenüber zu bestätigen.

8 Literatur- und Quellenangaben

Bildungspläne über: http://www.bildungsserver.de/Bildungsplaene-der-Bundeslaender-fuer-die-fruehe-Bildung-in-Kindertageseinrichtungen-2027.html, aufgerufen am 05.11.2013 um 9:22

BLK: Strategiepapier für Lebenslanges Lernen in der BRD über: www.bildungsserver.de/db/mlesen.html?Id=30455 Link: http://www.pedocs.de/volltexte/2008/325/pdf/heft115.pdf , aufgerufen am: 19.10.2013 um 9:25

Bildungsauftrag für Kindertagesstätten über: http://www.schulministerium.nrw.de/BP/Presse/Pressemitteilungen/Archiv/LP14/PM_2010/Bildungsgrundsaetze_zur_PM_22_04_2010_1.pdf aufgerufen am 30.10.2013 um 8:06

Bildungsdokumentation in Kindertagesstätten über:http://www.bildungsserver.de/Arbeitshilfen-zur-Dokumentation-von-Entwicklung-und-Bildung-in-der-Kita-3044.html, aufgerufen am 12.11.2013 um 16:55

Bohnsack, Fritz: Martin Bubers personale Pädagogik, Verlag Julius Klinkhardt, Bad Heilbrunn 2008

Bologna Erklärung über: www.bmbf.depubRD/bologna_deu.pdf, aufgerufen am 19.10.2013 um 12:16

Bologna Prozess über: www.bildungsserver.de/ Allgemeines-zum-Bologna-Prozess.-Uebersichten-3400.html?fbt=8600413-se:340, aufgerufen am 19.10.2013 um 14:51

Bologna Prozess über: www.bildungsserver.de/ Allgemeines-zum-Bologna-Prozess, Dokumente, Prager Kommuniqué vom 19. Mai 2001, aufgerufen am 19.10.2013 um 17:00

Bologna Prozess, Organisation und Aufbau, über: www.bildungsserver.de/ http://www.bmbf.de/de/15553.php, aufgerufen am 19.10.2013 um 14:57

Bologna Prozess, Umsetzung, über: www.bildungsserver.de/ http://www.bmbf.de/de/15553.php, aufgerufen am 19.10.2013 um 15:01

Buber, Martin: Reden über Erziehung, 11. Auflage 2005, Lambert Schneider/ Gütersloher Verlagshaus, Gütersloh 1953

Buber, Martin: Ich und Du, Reclam Universal Bibliothek Nr. 9342, 1995, Stuttgart

Burow über: http://www.olaf-axel-burow.de/index.php/forschung/gestaltpaedagogik, aufgerufen am 16.11.2013 um 14:26

Licharz, Werner (Hrsg.): Im Dialog mit Martin Buber, Arnoldshainer Texte- Band 7, Haag und Herrchen Verlag, Frankfurt/ Main 1982

Liessmann, Konrad Paul: Theorie der Unbildung, Piper Verlag München, 4. Aufl. 2010

Masschelein, Jan, Simons, Maarten, Globale Immunität, diaphanes, Zürich 2012

Memorandum Lebenslanges Lernen vom 30.10.2000 in Brüssel über: www.bildungsserver.de/db/mlesen.html?Id=12835 Link: http://www.bologna-berlin2003.de/pdf/Memorandum.De.pdf, aufgerufen am 18.10.2013 um 18:30

Menze, Clemens: Die Bildungsreform Wilhelm von Humboldts, Hermann Schrödel Verlag, Hannover 1975

Muth, Cornelia: Erwachsenenbildung als transkulturelle Dialogik, Wochenschau Verlag, Schwalbach/Ts, 2. Aufl. 2011

Muth, Cornelia: Gemeinschaft als das echte Dritte über: http://www.gestalt.de/muth_gemeinschaft.html, aufgerufen am 13.11.2013 um 11:06

Muth, Cornelia: Nicht für die Theorie, sondern für das Leben erkennen wir über: http://www.gestalt.de/muth_theorie_leben.html, aufgerufen am 14.11.2013 um 14:14

Muth, Cornelia: Dialogische Pädagogik über: http://www.gestalt.de/muth_paedagogik.html, aufgerufen am 15.11.2013 um 10:04

Neoliberalismus, Liberalismus über: www. Bpb.de/wissen/g320f2, aufgerufen am 05.11.2013 um 8:20

NRW Bildungsvereinbarung über http://www.gew.de/Binaries/Binary35452/NRW-Bildungsvereinbarung.pdf aufgerufen am 30.10.2013 um 8:28

Pisa- Studie über http://www.oecd.org/berlin/themen/pisa-hintergrund.htm, aufge rufen am: 12.11.2013 um 16:16

Portfolio über http://www.die-bonn.de/doks/bisovsky0901.pdf, aufgerufen am 12.11.2013 um 16:38

http://www.fhbielfeld.de/fb4/studierende/studiengaenge/Studien-gang%20BA%20P%C3%A4dagogik%20der%20Kindheit aufgerufen am 12.11.2013 um 17:10

Reifarth, Wilfried: Das Enneagramm, Eigenverlag des Deutschen Vereins für öffentliche und private Fürsorge e.V., Berlin 2008

Studienordnung der Fachhochschule Bielefeld http://www.fhbielfeld.de/fb4/studierende/studiengaenge/Studien-gang%20BA%20P%C3%A4dagogik%20der%20Kindheit aufgerufen am 12.11.2013 um 17:10

Tschong, Youngkun: Charakter und Bildung: Zur Grundlegung von Wilhelm von Humboldts bildungstheoretischem Denken, Verlag Königshausen und Neumann, Würzburg 1991

DIALOGISCHES LERNEN

Herausgegeben von Dr. Cornelia Muth

ISSN 1614-4643

1 *Cornelia Muth*
Willst Du mit mir gehen, Licht und Schatten verstehen?
Eine Studie zu Martin Bubers Ich und Du
Zweite erweiterte und verbesserte Auflage
ISBN 3-89821-537-7

2 *Susanna Matt-Windel*
Werden am Du – Dialogik in der Eltern-Kleinkind-Beratung
Ein philosophisch-pädagogisches Handlungskonzept nach der Dialogphilosophie Martin Bubers am Beispiel der interaktionellen Eltern-Kleinkind-Beratung
ISBN 3-89821-374-9

3 *Sabine Peter*
Schritte auf dem Weg zum Miteinander in der multikulturellen Gesellschaft
Interkulturelle Gärten
Eine psychologisch-dialogphilosophische Perspektive
ISBN 3-89821-464-8

4 *Andrea Förster*
Tiere als Therapie – Mythos oder Wahrheit
Zur Phänomenologie einer heilenden Beziehung mit dem Schwerpunkt Mensch und Pferd
ISBN 3-89821-421-4

5 *Koffi Abah Edem, Jan Großwinkelmann, Yvonne Kahlert, Susanna Matt-Windel, Cornelia Muth, Sabine Peter*
Im Vertrauen und in Verantwortung – 10 Jahre dialogische Pädagogik
ISBN 3-89821-577-6

6 *Stephan J. Harms*
Menschenbilder und Typologie
Kategorien neurotischer Motivationsstrukturen als Orientierungshilfe in der sozialen Arbeit Chancen und Risiken
ISBN 3-89821-703-5

7 *Susanne Mariyam Hüser-Granzow*
Kunst statt Strafe
Eine dialogische Betrachtung der ästhetischen Arbeit in der Sozialen Arbeit am Beispiel einer Bildhauerwerkstatt für straffällig gewordene Jugendliche
ISBN 978-3-89821-747-7

8 *Thomas Schwenk*
Sport und Bewegungserziehung in der Suchtarbeit
Sozialpädagogische und dialogisch-philosophische Aspekte in der Suchtprävention und Behandlung von Kindern und Jugendlichen
ISBN 978-3-89821-785-9

9 *Cornelia Muth*
Hilfe, ich bin mobil und heimatlos!
Zur Hauslosigkeit postmoderner Menschen
Mit einem Beitrag von Jan Großewinkelmann und Zeichnungen von Miriam Helfer
ISBN 978-3-89821-880-1

10 *Tanja Dräger*
Gender Mainstreaming im Kindergarten
ISBN 978-3-89821-869-6

11 *Dörthe Sontag*
Die modernen Kommunikationsmittel und das Dialogische Prinzip
Bedrohung und Chance für unser Menschsein?
Eine dialogphilosophische Reflexion unserer zwischenmenschlichen Beziehungen im Zeitalter der Mediatisierung
ISBN 978-3-89821-893-1

12 *Isabel Diener*
Lehren und Lernen in offenen Arbeitsformen
Eine Diskussion über die Verwendung von offenen Arbeitsformen im Unterricht am Beispiel einer Pädagogik der Menschenrechte
ISBN 978-3-89821-976-1

13 *Cornelia Muth (Hrsg.)*
„dann kann man das ja auch mal so lösen!“
Auswertungsinterviews mit Kindern und Jugendlichen nach Trainings zur Gewaltfreien Kommunikation
ISBN 978-3-8382-0120-7

14 *Cornelia Muth*
Der Mensch zwischen Gut und Böse
Mit Texten von Martin Buber über das Böse nachsinnen
ISBN 978-3-8382-0340-9

15 *Cornelia Muth*
Von der interkulturellen Erfahrung zur transkulturellen Begegnung – und zurück
ISBN 978-3-8382-0350-8

16 *Cornelia Muth (Hrsg.)*
Ein Wegweiser zur dialogischen Haltung
Dialogische Praxisforschung in Arbeitsfeldern von Sozialer Arbeit und Pädagogik der Kindheit
ISBN 978-3-8382-0520-5

17 *Stefan Bockshecker, Dejan Kibbert*
Profession und Haltung in der Sozialen Arbeit
ISBN 978-3-8382-0789-6

18 *Nicole Pankoke, Silvia Röben*
Grenz-Räume dialogischer Bildung
Zwei Denkbewegungen
ISBN 978-3-8382-0798-8

Sie haben die Wahl:

Bestellen Sie die Schriftenreihe
Dialogisches Lernen
einzeln oder im **Abonnement**

per E-Mail: vertrieb@ibidem-verlag.de | per Fax (0511/262 2201)
als Brief (***ibidem***-Verlag | Leuschnerstr. 40 | 30457 Hannover)

Bestellformular

❐ Ich abonniere die Schriftenreihe *Dialogisches Lernen*
ab Band # ____

❐ Ich bestelle die folgenden Bände der Schriftenreihe
Dialogisches Lernen
____; ____; ____; ____; ____; ____; ____; ____; ____; ____

Lieferanschrift:

Vorname, Name ....

Anschrift ....

E-Mail.. | Tel.: ....

Datum .... | Unterschrift ....

Ihre Abonnement-Vorteile im Überblick:

- Sie erhalten jedes Buch der Schriftenreihe pünktlich zum Erscheinungstermin – immer aktuell, ohne weitere Bestellung durch Sie.
- Das Abonnement ist jederzeit kündbar.
- Die Lieferung ist innerhalb Deutschlands versandkostenfrei.
- Bei Nichtgefallen können Sie jedes Buch innerhalb von 14 Tagen an uns zurücksenden.

***ibidem*-Verlag**
Melchiorstr. 15
D-70439 Stuttgart
info@ibidem-verlag.de

www.ibidem-verlag.de
www.ibidem.eu
www.edition-noema.de
www.autorenbetreuung.de

Zeitfracht Medien GmbH
Ferdinand-Jühlke-Straße 7
99095 Erfurt, Deutschland
produktsicherheit@kolibri360.de